D0790235

COLLECTION FOLIO

Annie Ernaux

Regarde les lumières mon amour

Gallimard

Annie Ernaux est née à Lillebonne et elle a passé toute sa jeunesse à Yvetot, en Normandie. Agrégée de lettres modernes, elle a enseigné à Annecy, à Pontoise et au Centre national d'enseignement à distance. Elle vit dans le Val-d'Oise, à Cergy.

*L'hypermarché au bout de la route est tou-
jours ouvert : toute la journée, ses portes automatiques coulissent dans un sens ou dans
un autre, accueillent et relâchent tout un flot
humain. Ses espaces éclairés au néon sont si
impersonnels et si éternels qu'il en émane du
bien-être autant que de l'aliénation. À l'intérieur, vous pouvez oublier que vous n'êtes pas
seul ou que vous l'êtes.*

Rachel Cusk,
Contrecoup, Éditions de l'Olivier, 2013

Il y a vingt ans, je me suis trouvée à faire des courses dans un supermarché à Kosice, en Slovaquie. Il venait d'ouvrir et c'était le premier dans la ville après la chute du régime communiste. Je ne sais si son nom – Prior – venait de là. À l'entrée, un employé du magasin mettait d'autorité un panier dans les mains des gens, déconcertés. Au centre, juchée sur une plate-forme à quatre mètres de haut pour le moins, une femme surveillait les faits et gestes des clients déambulant entre les rayons. Tout dans le comportement de ces derniers signifiait leur inaccoutumance au libre-service. Ils s'arrêtaient longuement devant les produits, sans les toucher, ou en hésitant, de façon précautionneuse, revenaient sur leurs pas, indécis, dans un flottement imperceptible de corps aventurés sur un territoire inconnu. Ils étaient en train de faire l'apprentissage du supermarché et de ses règles que la direction de Prior exhibait sans subtilité avec son panier obligatoire et sa matonne haut perchée. J'étais troublée par ce spectacle d'une entrée collective, saisie à la source, dans le monde de la consommation.

Je me rappelais la première fois où je suis entrée dans un supermarché. C'était en 1960 dans la banlieue de Londres et il s'appelait simplement *Supermarket*. La mère de famille qui m'employait comme fille au pair m'y avait envoyée, munie d'une poussette de marché – ce qui me déplaisait –, avec une liste de denrées à acheter. Je n'ai pas le souvenir précis de mes pensées et de mes sensations. Je sais seulement que j'éprouvais une certaine appréhension à me rendre dans un endroit qui m'était étranger à la fois par son fonctionnement et par la langue que je maîtrisais mal. Très vite j'ai pris l'habitude d'y flâner en compagnie d'une fille française, au pair elle aussi. Nous étions séduites et excitées par la diversité des yaourts – en phase anorexique – et la multiplicité des confiseries – en phase boulimique – nous octroyant alors la liberté d'engloutir dans le magasin le contenu d'un paquet de Smarties sans passer à la caisse.

Nous choisissons nos objets et nos lieux de mémoire ou plutôt l'air du temps décide de ce dont il vaut la peine qu'on se souvienne. Les écrivains, les artistes, les cinéastes participent de l'élaboration de cette mémoire. Les hypermarchés, fréquentés grosso modo cinquante fois l'an par la majorité des gens depuis une quarantaine d'années en France, commencent seulement à figurer parmi les lieux dignes de représentation. Or, quand je regarde derrière moi, je me rends compte qu'à chaque période de ma vie sont associées des images de grandes surfaces commerciales, avec des scènes, des rencontres, des gens.

Je me rappelle :

Carrefour avenue de Genève à Annecy, où en mai 1968 nous avons rempli à ras bord un chariot – pas encore « caddie » – parce qu'on craignait la pénurie totale de vivres

l'Intermarché de La Charité-sur-Loire, à l'écart de la ville, avec son panneau « Les Mousquetaires de la Distribution », la récompense des enfants l'été après les visites de châteaux et d'églises, comme l'était pour eux le passage au Leclerc d'Osny après la classe. Ce même Leclerc où j'ai rencontré plus tard d'anciens élèves que je ne reconnaissais pas tout de suite, où des larmes me sont venues en pensant que je n'y achèterais plus jamais de chocolat pour ma mère qui venait de mourir

Major au pied du rocher de Sancerre, Continent sur les hauteurs de Rouen près de l'université, Super-M à Cergy, enseignes dont la disparition accentue la mélancolie du temps

le Mammouth d'Oiartzun où nous ne sommes jamais allés malgré notre désir d'y faire provision de chorizo et de touron avant la frontière – mais il était toujours trop tard – et qui était devenu une *private joke* familiale, le symbole du contretemps et de l'inaccessible.

Les super et hypermarchés ne sont pas réductibles à leur usage d'économie domestique, à la «corvée des courses». Ils suscitent des pensées, fixent en souvenirs des sensations et des émotions. On pourrait certainement écrire des récits de vie au travers des grandes surfaces commerciales fréquentées. Elles font partie du paysage d'enfance de tous ceux qui ont moins de cinquante ans. Si on excepte une catégorie restreinte de la population – habitants du centre de Paris et des grandes villes anciennes –, l'hypermarché est pour tout le monde un espace familier dont la pratique est incorporée à l'existence, mais dont on ne mesure pas l'importance sur notre relation aux autres, notre façon de faire société avec nos contemporains au XXIe siècle. Or, quand on y songe, il n'y a pas d'espace, public ou privé, où évoluent et se côtoient autant d'individus différents : par l'âge, les revenus, la culture, l'origine géographique et ethnique, le *look*. Pas d'espace fermé où chacun, des dizaines de fois par an, se trouve mis davantage en présence de ses semblables, où chacun a l'occasion d'avoir un aperçu sur la façon d'être et de vivre des autres. Les femmes et les hommes politiques, les journalistes, les «experts», tous ceux qui n'ont jamais mis les pieds dans un hypermarché ne connaissent pas la réalité sociale de la France d'aujourd'hui.

L'hypermarché comme grand rendez-vous humain, comme spectacle, je l'ai éprouvé à plusieurs reprises. La première fois, de façon aiguë, avec une vague honte. Pour écrire, je m'étais isolée hors saison dans un village de la Nièvre et je n'y arrivais pas. Aller «au Leclerc» à 5 km était un soulagement. Celui, en me mêlant à des inconnus, en «voyant du monde», de retrouver, justement, le monde. La présence nécessaire du monde. Découvrant par là que j'étais pareille à tous ceux qui vont faire un tour au centre commercial pour se distraire ou échapper à la solitude. Très spontanément, je me suis mise à décrire des choses vues dans les grandes surfaces[1].

Pour «raconter la vie», la nôtre, aujourd'hui, c'est donc sans hésiter que j'ai choisi comme objet les hypermarchés. J'y ai vu l'occasion de rendre compte d'une pratique réelle de leur fréquentation, loin des discours convenus et souvent teintés d'aversion que ces prétendus non-lieux suscitent et qui ne correspondent en rien à l'expérience que j'en ai.

1. *Journal du dehors*, Paris, Gallimard, 1993, et *La Vie extérieure*, Paris, Gallimard, 2000.

De novembre 2012 à octobre 2013, j'ai ainsi relaté la plupart de mes passages à l'hypermarché Auchan de Cergy que je fréquente habituellement pour des raisons de facilité et d'agrément, dues essentiellement à sa situation à l'intérieur des Trois-Fontaines, le plus grand centre commercial du Val-d'Oise. Accessibles à pied par les voies piétonnes depuis la gare RER et en voiture directement depuis l'autoroute A15, les Trois-Fontaines sont implantées au cœur du quartier de Cergy-Préfecture. Là sont concentrés tous les organismes publics – préfecture, grande poste, CAF, hôtel des Impôts, gares RER et routière, Caisse d'Épargne, hôtel de Police, théâtre, médiathèque, conservatoire, piscine, patinoire, etc. –, nombre d'établissements d'enseignement supérieur (faculté de lettres, ESSEC, ENSEA, École nationale d'art) et de banques. Si bien que je définirais volontiers cet espace – appelé d'ailleurs Grand Centre – comme une addition, voire un emboîtement, de concentrations massives, qui ensemble créent une animation considérable durant la journée et un désert le soir.

Le centre commercial occupe la plus grande surface de cette zone. Il faut se représenter une énorme forteresse rectangulaire en briques rouge-brun, dont la grande façade, celle tournée vers l'autoroute, est en vitres-miroirs reflétant les nuages. La façade opposée, qui donne sur des immeubles et une tour d'habitation, est uniformément en briques, comme une ancienne usine du Nord. Depuis sa création en 1972, une aile perpendiculaire a été ajoutée à l'une des extrémités, où s'est installée, notamment, la FNAC. D'immenses parkings, pour moitié couverts et superposés sur plusieurs niveaux, l'entourent sur trois côtés. On accède à l'intérieur par dix portiques dont quelques-uns, monumentaux, évoquent l'entrée d'un temple mi-grec mi-asiatique, avec leurs quatre colonnes surmontées de deux toits distants, en forme d'arc, le plus haut en verre et métal, débordant avec grâce.

Le centre des Trois-Fontaines constitue un centre-ville d'un nouveau genre : propriété d'un groupe privé, il est entièrement fermé, surveillé et nul ne peut y pénétrer en dehors d'horaires déterminés. Tard le soir, quand on sort du RER, sa masse silencieuse est plus désolante à longer qu'un cimetière.

Ici sont rassemblés sur trois niveaux tous les commerces et tous les services payants susceptibles de couvrir la totalité des besoins d'une population – hypermarché, boutiques de mode, coiffeurs, centre médical et pharmacies, crèche, restauration rapide, tabac-presse-journaux, etc. Il y a des toilettes gratuites et un prêt de fauteuils roulants. Mais le seul café, *Le Troquet*, le cinéma *Les Tritons* et la librairie *Le Temps de vivre* ont disparu. On n'y trouve que peu d'enseignes haut de gamme. La clientèle appartient majoritairement aux classes moyennes et populaires.

Pour qui n'en a pas l'habitude, c'est un endroit désorientant, non pas à la façon d'un labyrinthe, comme Venise, mais en raison de la structure géométrique du lieu où se juxtaposent, de chaque côté d'allées à angles droits, des boutiques faciles à confondre. C'est le vertige de la symétrie, renforcé par la clôture de l'espace, même si celui-ci est ouvert à la lumière du jour par une grande verrière qui remplace le toit.

L'hypermarché Auchan occupe sur deux niveaux presque la moitié de la surface du centre. Il en est le cœur, irriguant de sa clientèle l'ensemble des autres commerces. Sa suprématie est lisible au fronton du centre où son nom s'étale en lettres gigantesques, éclipsant celles plus réduites de la FNAC et de Darty. Dans les parkings, les loges abritant les batteries de caddies portent toutes le logo de l'enseigne, rouge avec un oiseau. C'est le seul commerce à être ouvert aussi longtemps – de 8 h 30 à 22 heures – quand les autres ne le sont que de 10 heures à 20 heures. À l'intérieur du centre, l'hyper Auchan constitue lui-même une enclave autonome, proposant, en plus de l'alimentation, de l'électroménager, des vêtements, des livres et des journaux, également des services – billetterie, voyages, photos, etc. Redoublant en quelque sorte l'offre d'autres commerces, tel Darty, quand il ne les a pas fait

fuir hors du centre, où il n'y a plus de boulange-
rie, boucherie, marchand de vin, etc. Le niveau 1,
non alimentaire, a la forme d'un rectangle profond. Un escalator le relie au niveau 2, d'une
surface double, divisé en deux espaces communi-
cants, mais décrochés à angle droit l'un par rap-
port à l'autre, ce qui, en réduisant l'horizon infini
des marchandises, atténue l'impression de gran-
deur. Tous les accès sont gardés par des vigiles.

Voilà pour la physionomie des lieux que, à
mon habitude, j'ai parcourus avec ma liste de
courses à la main, m'efforçant simplement
de prêter une attention plus soutenue que d'ordinaire à tous les acteurs de cet espace, employés et
clients, ainsi qu'aux stratégies commerciales. Pas
d'enquête ni d'exploration systématiques donc,
mais un journal, forme qui correspond le plus à
mon tempérament, porté à la capture impression-
niste des choses et des gens, des atmosphères.
Un relevé libre d'observations, de sensations,
pour tenter de saisir quelque chose de la vie qui
se déroule là.

2012

Jeudi 8 novembre

Il fait froid, gris. Une espèce de mouvement de plaisir tout à l'heure à l'idée d'aller aux Trois-Fontaines et de faire quelques courses nécessaires à Auchan. Comme une rupture dans le travail d'écriture, une distraction sans effort dans un lieu familier.

Dès qu'on franchit l'une des barrières donnant accès (payant) aux parkings, toute une série d'embûches peuvent se présenter qui donnent d'emblée aux courses un caractère contrariant : être obligé de tourner longtemps avant de trouver une place qui ne soit pas située au fin fond d'un parking, loin d'une entrée, s'apercevoir qu'on n'a pas un euro sur soi pour détacher un caddie ou que, en plus de tirer irrépressiblement d'un côté, celui qu'on vient de prendre contient les détritus de l'usager précédent. Au contraire, tomber immédiatement sur une place libre ou juste en train de se libérer et tout près de l'entrée favorite est une satisfaction de bon augure. Une autre étant de décrocher un caddie propre et aisé à manœuvrer. Mes deux chances aujour-d'hui.

Grande affluence dans les allées du centre – ce sont encore les vacances de la Toussaint –, plus discrète à l'intérieur d'Auchan. Halloween étant passée, tout est en place pour Noël. À l'entrée, un énorme échafaudage de bouteilles décorées : DU CHAMPAGNE À 6,31 EUROS LA BOUTEILLE AVEC LA CARTE AUCHAN – 20 % – dont la marque n'est pas affichée. Boîtes de chocolats. Déco pour la table, le sapin. À perte de vue des panneaux de couleur jaune avec PROMO en énormes lettres noires. Mais très peu de monde à ce niveau, comme si les gens résistaient au temps commer-cial, attendaient leur heure ou, plus probable, leur salaire à la fin du mois.

Les jouets occupent plusieurs rangées de rayons rigoureusement séparés en «Garçons», «Filles». Aux uns, l'exploit – Spiderman – l'es-pace, le bruit et la fureur – voitures, avions, chars, robots, punching-ball – le tout décliné dans des rouges, verts, jaunes violents. Aux autres, l'inté-rieur, le ménage, la séduction, le pouponnage. «Ma petite supérette», «Mes accessoires de ménage», «Ma mini-Tefal», «Mon fer à repas-ser», «Ma baby-nurse». Un «Sac aliments» trans-parent est rempli hideusement, entre étron et vomi, de croissants et autres nourritures en plastique. Entrevoir une trousse de docteur au milieu de cet arsenal ménager me soulage presque. La reproduction du rôle ne s'embarrasse pas de subtilités ni d'imagination : tout pareil que maman en mini. En face, les teintes sucrées des trousses de maquillage, des coiffeuses avec une glace et un siège pour se faire une beauté, des costumes de Blanche-Neige et de princesses. Plus loin, des poupées de haut en bas d'un rayon de dix mètres. Publicité pour une Barbie au volant d'une Volkswagen, 29,90 euros. Je suis agitée de colère et d'impuissance. Je pense aux Fémen, c'est ici qu'il vous faut venir, à la source du façonnement de nos inconscients, faire un beau saccage de tous ces objets de transmission. J'en serai.

Un peu plus loin, dans l'espace de la librairie, une seule cliente – une dame mûre – se promène entre les tables. Chaque fois que je m'y aventure, j'en ressors triste et découragée. Non que mes livres en soient absents – quelques-uns sont là, dans le rayon «Poche», mais, à quelques exceptions près, le choix proposé obéit à un seul critère, le best-seller. «Les meilleures ventes» s'affichent sur trois mètres de large, numérotées de 1 à 10, en chiffres énormes, comme aux courses de chevaux à Longchamp. Ce qu'on peut désigner par le terme de littérature n'occupe qu'une portion congrue de cet espace consacré aux ouvrages pratiques, jeux, voyages, religion, etc.

Je remarque un écriteau en hauteur :

PAR RESPECT POUR NOS CLIENTS, IL EST INTERDIT DE LIRE LES REVUES ET LES MAGAZINES DANS LE MAGASIN. MERCI DE VOTRE COMPRÉHENSION.

Ce qui m'irrite le plus dans cette interdiction, c'est le possessif « nos », substitué au « les » qu'on attendrait. Ni moi ni les autres ne sommes la propriété d'Auchan, encore moins ses associés : ses clients ne sont pas les miens, les nôtres. Ce « nos » est typiquement faux jeton.

En haut, au niveau alimentaire, beaucoup de monde, l'atmosphère de vacances scolaires est très sensible. Il y a de la promenade et de l'insouciance dans l'air. Beaucoup n'ont ni caddie ni panier. L'allée centrale de circulation, perpendiculaire aux rangées de rayons, est parcourue d'adolescents qui traînent, virevoltent entre les caddies de couples âgés, de femmes environnées d'enfants qui s'amusent à courir, revenir, repartir. Une fille enlève les écouteurs de son portable pour répondre à sa mère. Une autre, dans la zone des eaux minérales, au fond du magasin, téléphone la tête appuyée contre un pack d'Évian : « Vous avez eu la permission de prendre des photos ou pas ? » On peut s'isoler et mener une conversation dans un hypermarché aussi sereinement que dans un jardin.

La machine à nettoyer le sol que conduit une femme blonde, la cinquantaine, vêtue d'un uniforme bleu, se fraie difficilement un passage au milieu des gens. Cette fonction délicate de conductrice, qui a un côté majestueux – dominant les clients de son siège surélevé – me paraît plus valorisante que celle d'employé affecté au rangement des produits, peut-être à tort.

Les autres employés – vendeurs, responsables de rayons, manutentionnaires de palettes, etc. – qui évoluent dans le magasin portent le même uniforme : une veste noire sans manches, vaguement style Mao, avec AUCHAN en grosses lettres blanches.

J'en vois un en train de discuter familièrement avec un client asiatique dont le caddie contient seulement quatre grands sacs de riz ordinaire. Je me rends compte que je ne connais personne travaillant ici.

Jusqu'à présent, j'ai toujours refusé d'avoir la carte de fidélité Auchan. À la question posée rituellement à la caisse «Est-ce que vous avez la carte de fidélité ?», je répondais tout aussi rituellement «Je ne suis fidèle à personne !», ce qui est très exagéré. Je ne voulais simplement pas me soumettre à la stratégie d'incitation consumériste pratiquée par toutes les grandes surfaces. Aujourd'hui, j'ai répondu «Comment fait-on pour en avoir une ?» par curiosité de savoir quels renseignements sur moi je serais obligée de fournir. À ma surprise, aucun. J'ai reçu aussitôt de la main du caissier une carte siglée Auchan avec un code-barres au dos. On ne fait pas plus rapide et discret pour lier le client à l'enseigne, par le système d'une « cagnotte » où il engrange des euros en obéissant à la prescription d'acheter tel ou tel produit.

Lundi 12 novembre

Après-midi. À l'entrée d'Auchan, pour mes courses réduites, je n'ai pris qu'un panier à roulettes, profond, en plastique rouge, très mobile.

Je passe devant l'étal presque désert de la poissonnerie. Odeur forte, inévitable malgré la glace en raison de la chaleur régnant dans l'ensemble du magasin. À droite de l'étal, cette impressionnante couche de morues salées qui se chevauchent, comme une sorte de toit incliné en vieilles tuiles grisâtres. Au sol, des caisses fermées et empilées de morues : 65 euros les 10 kg. Une femme noire en longue robe à fleurs s'arrête devant, hésite, s'en va.

[Dilemme. Vais-je ou non écrire « une femme noire » ou « une Africaine » – pas sûr qu'elle le soit – ou seulement « une femme » ? Je suis devant un choix qui, singulièrement aujourd'hui, engage la lecture qui sera faite de ce journal. Écrire «une femme», c'est gommer une caractéristique physique que je ne peux pas ne pas avoir vue immédiatement. C'est en somme «blanchir» implicitement cette femme puisque le lecteur blanc imaginera, par habitude, une femme blanche. C'est refuser quelque chose de son être et non des moindres, sa peau. Lui refuser textuellement la visibilité. Exactement l'inverse de ce que je veux faire, de ce qui est mon engagement d'écriture : donner ici aux gens, dans ce journal, la même présence et la même place qu'ils occupent dans la vie de l'hypermarché. Non pas faire un manifeste en faveur de la diversité ethnique, seulement donner à ceux qui hantent le même espace que moi l'existence et la visibilité auxquelles ils ont droit. Donc j'écrirai «une femme noire», «un homme asiatique», «des ados arabes» quand bon me semblera.]

Fruits et légumes. Un îlot plein de raisin Italia en vrac. Beaucoup de gens prennent et mangent un ou deux grains plus ou moins discrètement, dans une sorte d'autorisation collective, autolimitée à quelques raisins et encadrée par le regard des autres. En faire autant avec des pommes ou des poires outrepasserait ce droit tacite. Je suis «aux pommes» justement. Un employé est en train d'y décharger des caisses. Je lui demande s'il a des Canada, le peu qui reste sur l'étal ayant mauvaise figure.

« J'en mets exprès pour vous ! » et il pose devant moi une caisse pleine.

« C'est pour les tartes ? Moi je les fais au four, je préfère au four.

— Moi je les fais au micro-ondes, dix minutes suffisent. »

Il m'apprend à utiliser la nouvelle balance électrique. Il est bavard. Je suis assez vieille et lui assez jeune pour que cet échange soit autre chose que de la civilité. Je voudrais lui poser la question de son salaire. Je n'ose pas. Je n'arrive pas à sortir de ma condition de cliente.

Soudain il y a cet homme qui arpente une allée spacieuse en vacillant légèrement, une canette de Red Bull entamée à la main. Rien d'autre, ni panier ni caddie. L'autre main dans la poche arrière de son jean, qu'il perd un peu. Un bonnet enfoncé sur la tête. Je me mets à craindre pour lui, à cause des caméras de surveillance – pas encore repéré où elles se trouvaient – et des vigiles. Dans la population qui fréquente cet Auchan, devenue d'année en année de plus en plus mixte ethniquement, le SDF, le type éméché, ont en revanche disparu. Une espèce de « consommateur normal » s'est imposée, soit par refoulement à l'entrée par les vigiles, soit par auto-exclusion.

À la caisse automatique, j'attends derrière un type avec une queue-de-cheval, un long manteau de cuir noir, des Doc Martens. Ce type de caisse, réservée aux «moins de dix articles», est surtout utilisé par des jeunes, peu de gens au-delà de la cinquantaine. Je soupçonne qu'à beaucoup l'usage en paraît compliqué, même si une employée est postée à quelques pas pour apporter son aide. Une machine se libère. Une fois de plus, je mets beaucoup de temps dans les diverses manipulations. Au moment de ranger mes courses dans un sac plastique (payant, 3 centimes), je m'aperçois qu'un second y est resté collé, non comptabilisé par la machine. J'ai involontairement fraudé. Je me demande après coup si la caisse automatique est capable de détecter un code-barres remplacé par un autre, ou tout autre système ingénieux. Ce genre de dispositif pousse à l'indifférence morale. On n'a pas le sentiment de voler face à une machine.

Vendredi 16 novembre

17 heures. Direction la parapharmacie d'Auchan, située à l'intérieur de l'hyper, non loin des autres produits d'hygiène et cosmétiques, mais autonome, avec sa caisse propre et une vendeuse susceptible de conseiller. L'étroitesse des allées oblige à laisser le caddie à l'entrée. Une affiche VENDREDI – 30 % SUR UN PRODUIT IDENTIQUE. À cause d'un afflux prévisible de clients

– clientes surtout, rarement des hommes –, il y a une vendeuse supplémentaire, sûre d'elle, énervée, sans doute «au-dessus» de la vendeuse habituelle (la position d'autorité se lit sur la figure, dans les gestes). Entre une flopée de filles, blanches et noires, dont une jeune mère avec un enfant en poussette. Elles pilent devant le rayon maquillage, conciliabulent avec vivacité, les têtes rapprochées. Une femme eurasienne d'un certain âge hésite devant des aliments de régime, elle finit par prendre un lot de deux paquets de biscuits Milical en promo.

La parapharmacie – comme certains rayons bio – occasionne de longues stations. Les gens tombent en méditation devant les produits pour retrouver la ligne, le transit, le sommeil, pour être et vivre mieux. Ce sont les rayons du rêve et du désir, de l'espérance. Les rayons psy d'une certaine manière, mais le meilleur du produit, c'est avant qu'il soit dans le caddie.

Bien que je n'aie aucun projet d'achat, les jouets exercent néanmoins sur moi une attraction. Peut-être la même qui a conduit trois jeunes d'une vingtaine d'années à se promener dans le rayon. Ils tombent en arrêt devant des masques. L'un d'eux effleure le couvercle plastifié transparent d'un «Robot Disguise» et ils se mettent à évoquer leurs souvenirs avec fièvre – «j'en avais un comme ça!». Ils ont un air heureux, adorablement puéril.

Une jeune femme passe lentement entre les poupées. La petite fille de six à huit ans qui la suit réclame je ne sais laquelle. Sa mère l'entraîne en disant «Viens, tu en auras une avec le Père Noël vert». Le Père Noël vert, c'est celui du Secours Populaire qui distribue des jouets aux enfants des parents pauvres.

Il y a queue à la poissonnerie, signe d'une intégration généralisée de la tradition catholique. En réalité, la seule croyance qui fasse acheter du poisson le vendredi, c'est celle qu'il est plus frais que les autres jours.

Non loin, au-dessus des bacs de viande fraîchement découpée, quantité de panneaux dispersés : BOUCHERIE À MOINS DE 1 EURO ; LES SOLUTIONS MOINS CHÈRES D'AUCHAN ; VIANDE À 1 EURO PAR PERSONNE.

Langage humanitaire de séduction. L'hyper calcule le coût de la ration dans l'assiette, mais de quel poids ? Pas vu, sans doute noté en tout petit.

À la hauteur des rangées de «Produits du monde», suivis des rayons halal et casher, il y a un coin où personne ne s'aventure jamais, une sorte de Grande Épicerie du Bon Marché en modèle réduit. Avec des intitulés prétentieux, Cave à huile, Cave à pâtes. Les 33 cl d'huile *L'Olivier* coûtent 14 euros, et tout est à l'avenant, hors de prix, épices, biscuits et conserves Albert Ménès, Table de Mathilde. Est-ce que cette réserve, toujours déserte, participe du statut d'Auchan ? C'est là, de dessous le rayon des confitures, que j'ai vu une belle souris détaler un jour. Les rongeurs ont certainement plus de facilité à échapper aux caméras de surveillance que nous.

Comme il y a plus de très pauvres que de très riches, le super discount occupe une surface cinq fois plus grande. Jusqu'en 2007, il était situé dans un espace proche de celui, alors petit, du bio, à l'intersection des deux ailes du niveau 2, si bien que tout le monde le traversait pour aller de l'une à l'autre. La direction, jugeant sans doute plus rentable d'étendre et de multiplier les rayons du bio – cher – dans cet espace stratégique, l'a déménagé tout au fond du même étage, dans une enclave qu'il partage avec les produits pour les animaux. Ce qui fait moins tache qu'en plein milieu du magasin. Si on n'a ni chien ni chat on peut très bien en ignorer l'existence. C'est le lieu d'approvisionnement pour les *mange-pas-cher* – un mot de Thomas Bernhard – et tout le signifie. Autant la nourriture pour les chats et les chiens se présente sous une apparence succulente et joyeuse, avec des emballages colorés, autant, à côté, la bas de gamme pour les gens n'est rien moins qu'attrayante, empilée sur des palettes au sol ou sur des clayettes dans des casiers en bois. Même les bacs réfrigérés ont piètre aspect. Tout est en grosses quantités, les œufs par 30, les pains au chocolat par paquets de 14 à 1,89 euro. Pas de marque, seulement le contenu en très gros – « Choux de Bruxelles », « Barre pâtissière », « Cake au chocolat » – ou des marques de nulle part, café Premium, ratatouille Larroche – des labels vantant la qualité de produits sans qualité, l'huile Belhuil.

En face, un grand rayon, le self discount, qui propose dans des bacs toutes sortes de bonbons et de biscuits apéritifs qu'on enfourne dans un sachet et qu'on pèse ensuite sur une balance.

Ici, le langage habituel de séduction, fait de fausse bienveillance et de bonheur promis, est remplacé par celui de la menace, clairement exprimée. Sur toute la longueur du rayon self discount, en bas, un panneau avertit en rouge : CONSOMMATION SUR PLACE INTERDITE et un autre, en haut, plus policé :

LA CONSOMMATION SUR PLACE EST INTERDITE.

MERCI DE VOTRE COMPRÉHENSION.

LA VIE. LA VRAIE. AUCHAN.

Au-dessus de la balance, c'est la tentation de la triche qui est devancée : « Chers clients, nous vous informons que le poids et l'intitulé de vos produits sont contrôlés de façon aléatoire en caisse. » Avertissement réservé aux populations supposées dangereuses puisqu'il ne figure pas au-dessus des balances dans l'espace des fruits et légumes de la partie « normale » du magasin.

Une femme surgit avec un petit garçon roux à côté d'une poussette. Il se précipite vers les sucreries. «Sammy! Sammy!» crie la mère. Il a déjà plongé la main dans un bac et il lui apporte triomphalement une poignée de bonbons. Je souris à la scène. Pas la mère, qui évite de me regarder.

À la caisse, dispute entre une grand-mère et sa petite-fille d'environ six-huit ans.

«Tu veux le kiki ou le parfum? Qu'est-ce que tu préfères? [Le parfum est déjà dans le panier, semble-t-il.] On ne peut pas tout avoir dans la vie. Tu crois que Mamie, elle a tout ce qu'elle veut? Toi c'est pareil.

— Je veux le kiki.»

La grand-mère enlève du panier le parfum, marqué Walt Disney, le dépose sur une gondole de bonbons voisine tandis que la petite fille va chercher le kiki. Elle revient avec, serré fort dans sa main. C'est un petit singe. Subrepticement, la grand-mère reprend d'un geste rapide le parfum et le jette dans le panier, sans rien dire, d'un air mécontent. Elle sait qu'elle a tort d'agir ainsi, elle ne peut s'empêcher de le faire. De vouloir rendre heureuse sa petite-fille. D'aimer être aimée d'elle. Dans le monde de l'hypermarché et de l'économie libérale, aimer les enfants, c'est leur acheter le plus de choses possible.

Mardi 20 novembre

Longtemps j'ai ignoré que Auchan appartenait à une famille, les Mulliez, qui possède aussi Leroy Merlin, Kiloutou, Decathlon, Midas, Flunch, Jules, etc. Sur le nombre de gens qui sont venus ici aujourd'hui, j'imagine que peu le savent. Je me demande ce que l'apprendre a changé pour moi. Ce sont des ombres. Des êtres mythiques. À Annecy, le bruit courait autrefois que la famille Fournier – créatrice dans cette ville du premier Carrefour – mangeait dans de la vaisselle d'or.

Samedi 24 novembre

J'arrive en début d'après-midi aux Trois-Fontaines. Embouteillage dans le parking. Dès l'entrée je suis frappée par la population différente des autres jours, plus de couples et de familles, souvent avec des petits enfants, plus de femmes avec un foulard enserrant leurs cheveux. Très sensible atmosphère d'effervescence et de dépense – ou désir de dépense –, démultipliée par le nombre d'individus. Quelque chose d'un Grand Ravitaillement. Les caddies débordent.

La « magie de Noël » est signifiée partout. Des guirlandes descendent en pluie d'argent au-dessus des escalators et des travées. Jamais le centre ne ressemble davantage à une cathédrale flamboyante qu'en cette période.

À l'entrée d'Auchan, des dames à cheveux gris, style caritatif, distribuent des sacs transparents. C'est le jour de la collecte nationale de la Banque alimentaire. L'une des dames me tend un prospectus où figurent les produits à acheter de préférence, conserves, sucre, café, huile. Elle me dit qu'il faut aussi des produits d'hygiène et des aliments pour bébé. Puis, doucement : « Pas de pâtes, s'il vous plaît, l'année dernière on en a eu 3 tonnes ! » Ah ! Salauds de donateurs. D'accord, pas de bonté pingre. Faire un effort d'imagination en plus. Malaise et casse-tête de la charité. Je mets mon point d'honneur à délaisser les produits les moins chers, à acheter « comme pour moi ». Impression allègre que prendre le temps de choisir du Blédina légumes verts poulet et du chocolat Rik & Rok est plus honorable que de donner de l'argent. De la charité saine. [Plus tard, à la caisse, en vidant sur le tapis le contenu du sac transparent, j'aurai l'impression qu'il y en a pour une cinquantaine d'euros. Vérification faite, j'ai surestimé la valeur de mon geste : 28 euros seulement.]

Au rayon des fromages, je remarque un couple jeune. Ils hésitent. Comme s'ils n'avaient pas l'habitude, que ce soit neuf pour eux. Faire les courses à deux pour la première fois signe les prémices d'une vie commune. C'est accorder les goûts, les budgets, déjà faire couple autour de la nourriture, ce besoin premier. Proposer à un homme ou une femme d'aller ensemble au super-marché n'a rien à voir avec l'inviter au cinéma ou au café boire un verre. Pas d'esbroufe séductrice, pas de tricherie possible. Est-ce que tu aimes le roquefort? Le reblochon? Celui-là, c'est du fer-mier. Si on se faisait un poulet rôti?

Les rayons de jouets sont moins encom-brés que prévu. Un couple de grands-parents contemple anxieusement une grande poupée comme si allait émaner de ses lèvres rouges et de ses yeux fixes le signe que c'est elle, pas une autre, qu'il leur faut élire. Un homme entraîne son gamin loin des voitures radiocommandées « Viens, on va rejoindre manman. » J'ai entendu et dit *manman* toute mon enfance, pas *maman*. L'homme qui vient de me le rappeler est d'ori-gine africaine ou antillaise.

On parle constamment des courses du week-end en termes de « corvée ». Inconscience ou mauvaise foi. On peut considérer qu'il s'agit de la rançon de la prospérité, d'un travail issu de l'abondance. La subsistance a toujours nécessité du travail, autrefois bien plus qu'aujourd'hui, sauf pour les privilégiés, les domestiques s'en chargeaient.

Et les gens, cet après-midi, visiblement, pren-nent leur temps.

À la sortie, des cartons plats sont étalés à

même le sol. Les dames de la banque alimentaire dispatchent les produits qu'on leur donne, l'huile ici, le café là, etc. Impression brutale d'un marché des pauvres exposé en pleine lumière.

Mercredi 28 novembre

Un incendie a ravagé une usine textile au Bangladesh, 112 personnes sont mortes, en majorité des femmes, qui travaillaient pour un salaire de 29,50 euros par mois. Le bâtiment comportait neuf étages, il n'aurait pas dû dépasser trois. Les ouvriers ont été piégés à l'intérieur, sans pouvoir sortir.

Cette usine, Tazreen, fabriquait des polos, tee-shirts, etc., pour Auchan, Carrefour, Pimkie, Go Sport, Cora, C&A, H&M.

Évidemment, hormis des larmes de crocodile, il ne faut pas compter sur nous qui profitons allègrement de cette main-d'œuvre esclave pour changer quoi que ce soit. La révolte ne viendra que des exploités eux-mêmes, de l'autre bout du monde. Même les chômeurs français victimes des délocalisations sont bien contents de pouvoir s'acheter un tee-shirt à 7 euros.

Comme une anomalie dans une allée alimentaire d'Auchan, une fille élégante dans une robe à manches courtes, tirant une valise à roulettes. Débarquant sans doute du RER et profitant de la proximité du centre pour faire quelques courses.

Ici, plus que partout ailleurs, difficulté à cerner et à qualifier l'instant présent, la signification de tout ce qui passe devant mes yeux en même temps que j'avance. Je ne vois des gens que leur corps, leur apparence, leurs gestes. Ce qu'ils mettent dans leur panier, leur caddie. J'en déduis plus ou moins leur niveau de vie. Me demeure invisible l'essentiel, dissimulé même sous les caddies débordants du week-end, cette évaluation incessante entre le prix des produits et la nécessité de se nourrir à laquelle sont astreints la plupart des gens. Moins on a d'argent et plus les courses réclament un calcul minutieux, sans faille. Plus de temps. Faire la liste du nécessaire. Cocher sur le catalogue des promos les meilleures affaires. C'est un travail économique incompté, obsédant, qui occupe entièrement des milliers de femmes et d'hommes. Le début de la richesse – de la légèreté de la richesse – peut se mesurer à ceci : se servir dans un rayon de produits alimentaires sans regarder le prix avant. L'humiliation infligée par les marchandises. Elles sont trop chères, donc je ne vaux rien.

Au niveau 2, si l'on veut s'asseoir, il y a en tout et pour tout deux petites chaises de plastique situées dans le passage entre les deux ailes, près d'une fontaine à eau. L'hyper est prévu pour la circulation la plus efficace. Les sièges l'entrave-raient et inciteraient au repos. Les lieux de consommation sont décidément conçus comme ceux du travail, avec pause minimale pour un rendement optimal. Les chaises sont très souvent occupées par des femmes d'un certain âge avec, devant elles, leur poussette de marché dont elles tiennent la poignée, ou par des mères avec des enfants qu'elles font manger ou boire.

Dans l'espace de la librairie, juste un homme qui feuillette *La Vie secrète des grands personnages de l'Histoire*. Côte à côte, en exposition : *Le Saint Coran*, *Le Coran pour les nuls*, *La Bible pour les nuls*. Peut-être n'y a-t-il que dans les hypermar-chés qu'on peut trouver ces livres, les feuilleter sans craindre le regard de personne.

Les gens prennent des photos partout, tout le temps. À l'intérieur d'Auchan, je n'ai jamais vu quelqu'un photographier avec son portable. Est-ce qu'on a le droit ?

16 heures. Pluie. Dans le centre commercial, on ne voit pas le temps. Il n'est pas inscrit dans l'espace. Il ne se lit nulle part. Il y a remplacement des boutiques, rotation des rayons, renouvellement des marchandises, du nouveau qui ne change fondamentalement rien. Qui suit toujours les mêmes cycles, des soldes de janvier aux fêtes de fin d'année, en passant par les soldes d'été et la rentrée scolaire.

En ce moment, franchir l'une des portes du centre, c'est tomber brutalement dans l'effervescence et la trépidation, le scintillement des choses, tout un monde insoupçonnable quand on est encore au-dehors dans le froid sur le parking, face à ce Kremlin en brique.

Beaucoup de monde au rayon jouets d'Auchan. D'enfants. Séparés rigoureusement. Aucune fille devant les voitures et les panoplies de Spiderman, aucun garçon devant les Barbies, les Hello Kitty, les poupons Rik et Rok qui pleurent.

Jadis, mon fils de deux ans a voulu une poupée. Ses parents trouvant que s'intéresser au sexe opposé partait d'un désir et d'une curiosité légitimes, il l'eut.

Dans le grand espace de la téléphonie et des ordinateurs – qui affiche NOUVELLES TECHNIQUES, CONNECTIQUE – une majorité de clients masculins, et les vendeurs sont tous des garçons,

41

jeunes, généralement bien de leur personne, évoluant avec décontraction entre les comptoirs, conscients de leur savoir en matière de nouvelles technologies. Au coup d'œil, ils forment une espèce d'aristocratie, qui ne se prive pas d'adopter une certaine condescendance avec la clientèle, surtout les femmes. Deux, justement, s'enquièrent d'un téléphone portable destiné à une petite fille, «mais simple, juste pour rentrer de l'école», ce qui provoque rires et plaisanteries chez les deux gars du stand. Il me faut une clé USB. J'ai lourdement conscience que demander au vendeur de se déplacer pour m'expliquer ce que je dois choisir comme nombre de gigas manifeste une ignorance crasse, que son petit sourire certifie. C'est un rayon fortement viril. Celui aussi où les vendeurs sont les plus nombreux, souvent désœuvrés. Il n'y en a aucun à la librairie.

Impossible d'accéder au niveau 2 sans voir la poissonnerie située à la sortie de l'escalator. Il y a du congre, de la saumonette à 6,99 euros le kilo, des moules à 2,99 euros, de la queue de lotte à 14,95 euros. Les prix sont en lettres gigantesques, toujours sur le même fond jaune acide. Je m'aperçois que cette démesure agit de façon hypnotique, je serais prête à croire que ces poissons sont littéralement *donnés*. Les employés du rayon circulent rapidement, en bottes et tablier bleu, un calot sur la tête. Celui que je pense être le responsable, un visage jeune, des cheveux gris sous le calot, puise de la glace à grandes poignées dans un bac et la jette sur l'étal. Il indique à un autre employé comment ranger les bars parallèlement avant de disperser dessus une fine couche de glace. Il me demande ce que je veux. «Rien, je vous regarde. — Ah bon. — C'est que j'écris sur les hypermarchés.»

D'un seul coup il est intéressé. Je lui demande depuis quand il travaille à Auchan. «Vingt ans!» dit-il avec la fierté que confère la longue durée quelle qu'elle soit, d'un emploi, d'un mariage, d'une vie même, etc. Il précise «Là, à la poissonnerie, depuis onze ans!» Fierté par-dessus tout de son travail, qui n'est plus celui d'un exécutant mais d'un responsable à tous les niveaux – choix, préparation et vente – d'un produit alimentaire fragile. Pendant notre conversation, il ne perd pas de vue son étal. Un client vient d'arriver. Il me quitte aussitôt en s'excusant.

Lui, comme le boucher, le boulanger et le fromager, jouissent en raison de leur savoir-faire d'une autonomie et d'une responsabilité qui les situent à part. Avant d'être les employés d'Auchan, ils sont des gens de *métier*, des artisans. Ils forment une espèce de noblesse, généralement masculine.

Trop de monde aux caisses classiques. À contrecœur, je me dirige vers les automatiques, réservées à dix articles maximum. Devant moi un homme seul, la cinquantaine, avec une part de pizza à 1,75 euro, une baguette de pain sous cellophane, des bananes et des mandarines. Derrière, des étudiants qui évoquent des souvenirs de leur lycée. L'un d'eux tient un pot de glace Häagen-Dazs. Comme souvent, l'une des quatre machines est hors service. Je suis soulagée que celle qui m'échoit se trouve être la plus éloignée de la file d'attente et des regards rivés anxieusement sur vous par les autres clients, lesquels jaugent leurs chances de passer rapidement selon votre dextérité ou votre maladresse. Perversion du système des caisses automatiques, l'irritation que suscite une caissière jugée lente se déplace sur le client.

De fait, c'est un système éprouvant, terroriste, où l'on doit suivre à la lettre des indications pour réussir à emporter la marchandise. Une opération décomposée en phases impossibles à bouleverser, sinon la voix autoritaire de synthèse répète «Posez l'article sur la balance. Présentez le code-barres» autant de fois qu'on n'obéit pas. Impression que la machine s'énerve de plus en plus, vous estime nul et incompétent. Aujourd'hui, n'ayant eu à subir aucun rappel à l'ordre de la voix, par une vanité de bonne élève, j'ai le sentiment d'avoir fait, en somme, un sans-faute.

De plus en plus sûre que la docilité des consommateurs est sans limites.

Vendredi 7 décembre

20 h 45. Dans le centre, tous les commerces sont clos depuis trois quarts d'heure. Certains, comme la pharmacie, ont baissé un rideau de fer. D'autres ont sur la devanture, faiblement éclairée, une espèce de voile métallisé qui laisse entrevoir l'étalage dans une lumière tamisée. Les illuminations de Noël sont en partie éteintes, les fausses rues dans une semi-pénombre. Les gens que je croise ont un aspect fantomatique. Plus que les autres soirs où je vais tardivement à Auchan – seul ouvert avec le McDo et le Flunch –, sentiment de désolation. La féerie s'est éteinte jusqu'à demain matin. Je pense à une nouvelle troublante de Jon Raymond, *De jeunes corps*, dans laquelle une fille et un garçon se trouvent enfermés toute une nuit dans un magasin d'un centre commercial sans pouvoir en sortir par crainte de déclencher l'alarme.

Toute la lumière est réfugiée dans l'hyper, assez vide. Dans l'espace de parapharmacie, la vendeuse emballe mon shampoing et encaisse le paiement sans interrompre sa conversation au téléphone. Le soir, aux approches de la fermeture, il y a une forme de relâchement autorisé, de lenteur lasse dans l'attitude du personnel.

Les rayons sont imperceptiblement chamboulés. Troués. Il n'y a plus de sucre glace. Palettes à demi vides. Impression d'arriver au banquet quand les convives sont partis.

Comme d'habitude, je remarque que la clientèle du soir, plus jeune, plus diverse ethniquement, contraste avec celle du jour. L'heure des courses ségrègue les populations de l'hyper. Le matin tôt, c'est le moment des couples de retraités, lents et bien organisés avec leurs cabas personnels dans le caddie, leur chéquier, dont ils détacheront soigneusement le chèque à la caisse, en n'oubliant pas de noter le montant payé sur le talon.

Au milieu de l'après-midi, il y a beaucoup de femmes seules – d'un certain âge ou jeunes et accompagnées d'enfants – qui font leurs courses avec leurs poussettes de marché en tissu plastifié, signe qu'elles sont venues à pied ou en bus, parce qu'elles ne savent pas conduire, ou qu'elles ne disposent pas d'une voiture.

À partir de 17 heures, afflux des gens qui sortent du travail. Un tempo rapide, bousculant, s'empare des lieux. Écoliers avec mères. Lycéens. Entre 20 et 22 heures, des étudiants et, plus rares à un autre moment du jour, des femmes en longues robes et voiles amples toujours accompagnées d'un homme. Est-ce que ces couples choisissent le soir par commodité ou parce qu'ils se sentent moins *dévisagés* à cette heure tardive et de moindre fréquentation ?

Il y a des gens, des populations, qui ne se croiseront jamais.

Le journal municipal m'apprend que 130 nationalités sont présentes sur l'ensemble du territoire de Cergy. Nulle part ailleurs elles ne se côtoient autant qu'au centre commercial des Trois-Fontaines, à Auchan. C'est ici que nous nous habituons à la présence proche des uns et des autres, mus par les mêmes besoins essentiels de nous nourrir, nous habiller. Qu'on le veuille ou non, nous constituons ici une communauté de désirs.

Depuis quinze ans, ce n'est pas la présence des « minorités visibles » que je remarque dans un lieu, c'est leur absence.

Mercredi 12 décembre

Le parking du centre commercial est devenu payant il y a quinze ans à cause des usagers du RER qui y stationnaient toute la journée et empêchaient les clients de se garer. Mais, rappelé partout, il y a deux heures et demie gratuites. Si entrer est généralement sans incident – une pression sur un bouton et la machine délivre un ticket –, sortir est parfois plus difficile, en raison d'un dépassement du temps gratuit ou d'un arrêt

inopiné du système, dont on rend facilement responsable l'automobiliste premier coincé. Pour ne
pas payer, quelques resquilleurs se collent à la
voiture précédente quand la barrière se lève
(idem, certains camionneurs au péage des auto-
routes). Il n'est pas rare, tard le soir, de trouver
ouvertes les barrières de sortie, ce qui évite peut-
être qu'elles soient délibérément enfoncées.

Les hommes et les femmes qui m'accostaient
dans le parking pour me demander un euro ont
disparu. Il y a de plus en plus de SDF dans
l'ensemble de la société mais de moins en moins
autour du centre commercial, à l'exception de
deux endroits, qui ne font pas partie du territoire
privé du centre commercial :

près de l'entrée ombreuse, dans le renfoncement situé entre le mur aveugle derrière lequel
se trouve Auchan et l'immeuble de la Caisse
d'Épargne, dont une partie a été transformée en
bibliothèque universitaire. C'est d'ailleurs sur un
muret le long de la bibliothèque qu'ils sont assis
dès qu'il fait soleil, regardant passer les gens,
très nombreux en cet endroit de la dalle qui relie
la préfecture, les gares RER et routière, La
Poste, etc., au centre commercial

devant l'entrée qui débouche sur une rue pié-
tonne animée, bordée de boutiques indépen-
dantes et dont une partie est pourvue d'arcades
qui offrent un bon abri. C'est le lieu de la manche
mais aussi des signatures pour des causes diverses

plus ou moins crédibles, inévitablement assorties d'une demande de don.

Dans le centre, il y a plusieurs volées d'escalators à double sens entre les différents niveaux et un long tapis roulant qui permet l'accès avec un caddie. Il y en a un aussi à l'intérieur de l'hyper, qui fait communiquer les deux niveaux, mais avec deux montées et une seule descente. Dans ces moments où l'on se trouve contraint à l'immobilité les uns derrière les autres, entre gens qui montent et gens qui descendent, les regards se croisent, on se dévisage aisément avec curiosité, comme dans une gare les voyageurs de deux trains roulant doucement en sens inverse.

De quelle façon sommes-nous présents les uns aux autres ?

À certains moments, ici, il me semble être une surface lisse sur laquelle se projettent les gens, les panneaux suspendus au-dessus des têtes.

Mardi 18 décembre, après-midi

Foule dense dès l'entrée dans le centre commercial. Un bourdonnement immense où la musique perce faiblement. Sur le tapis roulant, sous la verrière, on monte vers les guirlandes et les illuminations qui pendent comme des colliers de pierres précieuses. La jeune femme qui est devant moi avec une petite fille en poussette lève la tête, sourit. Elle se penche vers l'enfant « Regarde les lumières mon amour ! ».

Sortant d'Auchan, un très vieil homme plié en deux, flottant dans un imperméable, avance tout doucement avec une canne en traînant des chaussures avachies. Sa tête tombe sur la poitrine, je ne vois que son cou. De sa main libre, il tient un cabas hors d'âge. Il m'émeut comme un scarabée admirable venu braver les dangers d'un territoire étranger pour rapporter sa nourriture.

Samedi 22 décembre

Super U, La Clusaz, 17 heures.

C'est la première fois que j'entre dans ce supermarché auquel on accède depuis la voie principale par quelques marches. Il y a foule à cause de l'arrivée des vacanciers le jour même. Dans cette petite surface, 300 m² à tout casser, les caddies moitié moins grands que ceux des hypers circulent à grand-peine entre les rayons rapprochés. On se bouscule, on se cogne sans excuse dans une recherche désordonnée de l'emplacement du sel, la moutarde, la farine, l'huile, de tout ce qui est indispensable à la survie d'une semaine. La quête est compliquée en raison de la concentration dans un espace réduit d'un maximum de produits, présents chacun en petite quantité. C'est où la Maïzena ? Et le shampoing ? On s'arrache les deux ou trois employés occupés à regarnir les rayons. On entend parler allemand, anglais, peut-être des langues slaves, tout le monde est blanc. Des pyramides de paquets prêts à tomber surmontent les caddies. Il flotte de l'instinct aveugle dans cet approvisionnement têtu, furieux, de clients occasionnels et anonymes qui se sentent autorisés – peut-être en raison d'un pouvoir d'achat plus élevé que la moyenne – à investir un espace commercial sans aucun égard pour personne.

2013

Lundi 7 janvier

J'ai retrouvé l'Auchan de Cergy.

Des poupées et des jouets entassés en vrac dans un grand bac en tissu, bradés à 50 %. Rien ne manifeste mieux leur fonction de *pur signe* de la fête. Celle-ci passée, les Barbies et les Kitty sont restées les mêmes, elles ont juste perdu leur valeur de fête. Personne ne farfouille dans cette poubelle de jouets neufs. Pourtant, on pourrait y trouver à moindre coût une poupée, une panoplie, à offrir pour un anniversaire, voire le Noël prochain. Le déclassement du jouet en objet de rebut rebute. C'est la grande distribution qui fait la loi dans nos envies. Aujourd'hui la galette des Rois et le linge de maison, décliné de la housse de couette au torchon, constituent le programme des convoitises.

Il y a des gens, souvent pas très jeunes, qui parlent seuls devant les rayons, dialoguent tout haut avec la marchandise. Exprimant leur avis ou leur mécontentement à propos d'un produit, en se sachant à portée d'oreille des clients à côté. C'est mieux d'être entendu. Là, une petite dame qui regarde les boîtes de sardines se tourne vers moi, elle rit : « Les sardines au piment c'est pas pour moi ! » Je lui souris en retour. Façon vague de lui signifier un accord implicite sur les raisons qu'elle a d'être prudente mais aussi mon intention d'en rester là. Prise à témoin de sa vie, je me dérobe. Pourtant ces désirs de communication qui me sont adressés par des inconnus me touchent inexplicablement.

Je profite que l'espace du super discount est désert pour photographier les panneaux d'interdiction avec mon portable. J'ai à peine le temps d'en prendre une qu'un homme surgit à mes côtés. À son badge, il est de la sécurité.

« Vous n'avez pas le droit de photographier dans le magasin, c'est interdit.

— Pourquoi ?

— C'est interdit. C'est le règlement.

— Je fais un reportage.

— Alors il faut que vous demandiez l'autorisation à la direction. »

Je n'en ferai rien. Je veux rester dans mon rôle habituel, celui de cliente, ne pas attirer l'attention sur ma présence.

Dans le rayon des accessoires auto, désert, un petit enfant noir jouait avec un grand carton qui traînait au milieu de l'allée. J'ai voulu le photographier. Puis je me suis demandé s'il n'y avait pas quelque chose du pittoresque colonial dans mon désir.

Curieuse impression que le temps ici ne s'écoule pas, qu'il est un présent répété maintes et maintes fois. Qu'il n'y a pas d'Histoire. Même ma mémoire est muette. C'est en dehors de ce lieu, transcrivant tout ceci chez moi, que je me souviens de scènes vues ailleurs, dans d'autres supermarchés, en d'autres époques.

Carrefour, Annecy. Début des années 1970. C'était en hiver, le soir, dans le coin des alcools. Des gars, deux ou trois, faisaient face à une fille toute seule. L'un d'eux ricanait : « Je te dis qu'il peut pas être de moi ! » et les autres s'esclaffaient. Pas elle, sérieuse et rouge, confrontée à ce gras déni public de paternité. À son drame puisque l'IVG n'existait pas. Ce jour-là, j'avais pensé pour la première fois que ce hangar sans grâce contenait des histoires, des vies. Je m'étais demandé pourquoi les supermarchés n'étaient jamais présents dans les romans qui paraissaient, combien de temps il fallait à une réalité nouvelle pour accéder à la dignité littéraire.

Hypothèses, aujourd'hui :

1) les supermarchés sont liés à la subsistance, affaire des femmes, et celles-ci en ont été longtemps les utilisatrices principales. Or ce qui relève du champ d'activité plus ou moins spécifique des femmes est traditionnellement invisible, non pris en compte, comme d'ailleurs le travail domestique qu'elles effectuent. Ce qui n'a pas de valeur dans la vie n'en a pas pour la littérature.

2) jusqu'aux années 1970, les écrivains, femmes et hommes confondus, étaient majoritairement d'origine bourgeoise et vivaient à Paris où les grandes surfaces n'étaient pas implantées. (Je ne vois pas Alain Robbe-Grillet, Nathalie Sarraute ou Françoise Sagan faisant des courses dans un supermarché, Georges Perec si, mais je me trompe peut-être.)

Lundi 4 février

En juin 1978, j'ai passé un mois seule à la campagne. Le jour même de mon retour à Cergy, constatant que les placards et le frigo étaient vides, je me suis précipitée aux Trois-Fontaines. Juste quand je franchissais la porte 6, j'ai pensé avec étonnement que ce lieu m'avait manqué et que je le retrouvais avec une étrange satisfaction. C'était comme une extension de mon univers intime, dont j'aurais été privée sans m'en apercevoir.

Je me suis souvent jetée au centre commercial pour oublier l'insatisfaction de l'écriture en me mêlant à la foule des acheteurs et des flâneurs. Aujourd'hui, c'était l'inverse. Je suis allée à Auchan au milieu de l'après-midi après avoir travaillé depuis le matin à mon livre en cours et en avoir ressenti du contentement. Comme un remplissage du vide qu'est, dans ce cas, le reste de la journée. Ou comme une récompense. Me désœuvrer au sens littéral. Une distraction pure. C'est peut-être ainsi que je peux approcher le plus le plaisir des autres en ce lieu, des jeunes qui y flânent sans autre but qu'un paquet de chips, des mères venues en bus passer l'après-midi avant la sortie de l'école, de tous ceux qui y viennent – comme autrefois, en ville – *faire un tour*.

Au niveau 2, une femme d'une cinquantaine d'années m'a abordée avec un sourire et une certaine gêne. « Vous êtes Annie Ernaux ? » Je ne m'habitue pas à entendre cette question, comme si je devais endosser une fausse identité sans rien trahir de l'imposture. Elle a lu plusieurs de mes livres et elle m'a écrit il y a quinze ans. Elle vient de publier un roman autobiographique et *La Gazette du Val-d'Oise* lui a consacré un article. Elle est étonnée de me rencontrer ici, elle a horreur d'Auchan, elle n'y vient jamais. Je lui dis que moi j'y vais souvent, ça ne me déplaît pas. Nous nous quittons sur la promesse qu'elle m'enverra son livre.

Il faut que je sois descendue au niveau 1 pour retrouver ma tranquillité de cliente anonyme. Je traverse l'espace librairie. Sur un petit banc à peine visible derrière une paroi qui le sépare d'un comptoir « Info » désert, une jeune femme, vêtue mode, est plongée dans un livre dont je ne vois pas le titre. À côté un enfant lit une BD. Réjouissant de constater qu'ils sont assis juste au-dessous du panneau d'interdiction de lire.

Celle-ci est enfreinte en toute sérénité dans l'espace des journaux, très fourni, mais *Le Monde* n'y est pas vendu le soir comme partout chez les marchands de journaux en Île-de-France, seulement le lendemain matin. Je parcours divers hebdos. Une femme lit *Oulala !*, un jeune *10 Sport* et un autre *La Gazette des transferts*, une fille *People*. Un homme à l'écart est immobilisé dans la lecture d'une publication scientifique. Le présentoir des quotidiens, *Le Parisien*, *Libé*, *Le Figaro*, *L'Équipe*, est quasi vidé à cette heure de la journée. Des couvertures de magazine sont froissées. La brochure *100 Photos pour la liberté de la presse* porte les traces d'une manipulation répétée. Auchan se soucie davantage des bonbons fraudés au super discount que des journaux détériorés.

Je trouve cet endroit plaisant, silencieux, presque secret tant il est peu visible, tout au fond du magasin, près d'un maigre rayon jardinage. Rassemblant une communauté de liseurs.

Jeudi 7 février

Quatre heures et demie. Près de l'entrée d'Auchan, deux filles m'ont dépassée, l'une grassouillette, habillée tout de gris, le voile aussi, l'autre élancée, avec un voile noir et des bottes noires. Je les retrouve au rayon hygiène et beauté, discutant avec vivacité devant les vernis à ongles. Jusqu'à un certain âge, les filles ne vont jamais toutes seules acheter des cosmétiques et faire pipi aux toilettes.

À la caisse, une femme prend ses articles scannés et les met dans les sacs de plastique Auchan avec une lenteur qu'on soupçonne calculée. Elle fait remarquer à la caissière que l'un des sacs vient de crever et demande qu'il soit remplacé. La caissière lui dit d'aller en chercher un autre. Elle y va en se glissant derrière les clients de la file, revient sans se presser. On suit silencieusement ses faits et gestes. Consciente de la tension, la caissière aide la cliente à transférer les articles du sac troué dans le nouveau. Il y a une atmosphère palpable de réprobation à l'égard d'une personne qui s'autorise à *prendre tout son temps* sans souci de celui des autres. Qui bafoue les règles implicites d'un civisme consommateur.

D'un code de bonne conduite qui oscille entre les droits – de refuser l'article qui s'avère défectueux, de vérifier son ticket de caisse – et les devoirs – ne pas gruger dans la file d'attente, laisser passer une personne enceinte ou handicapée, être poli avec la caissière, etc.

L'agitation en tous sens qui parcourt les grandes surfaces tombe brusquement aux caisses. La file d'attente, nasse dont on ne peut pas sortir – sauf à ses risques et périls de se retrouver dans une autre bien pire – nous fige dans l'immobilité. Dans les allées de l'hyper, les gens étaient des *présences* qu'on croise et voit vaguement. C'est seulement aux caisses qu'ils s'individualisent.

Le passage à la caisse constitue le moment le plus chargé de tensions et d'irritations. Vis-à-vis de la caissière dont on s'empresse d'évaluer la rapidité ou la lenteur. Des clients qui :

ont des caddies débordants (mais pas plus que le nôtre)

n'ont pas vu l'absence de code-barres sur un article, vont devoir retourner dans le rayon pour l'échanger

sortent un chéquier de leur sac, annonçant un rituel de gestes – détachement précautionneux du chèque, vérification de la carte d'identité, l'écriture du numéro de la carte au dos du chèque, la signature du chèque, sa remise, au revoir et merci – qui paraît intolérable, la goutte d'attente en trop.

Le temps de l'attente à la caisse, celui où nous sommes le plus proches les uns des autres. Observés et observant, écoutés, écoutant. Ou simplement nous saisissant de manière intuitive, flottante.

Exposant, comme nulle part autant, notre façon de vivre et notre compte en banque. Nos habitudes alimentaires, nos intérêts les plus intimes. Même notre structure familiale. Les marchandises qu'on pose sur le tapis disent si l'on vit seul, en couple, avec bébé, jeunes enfants, animaux.

Exposant son corps, ses gestes, sa vivacité ou sa maladresse – son statut d'étranger quand on réclame l'aide de la caissière pour compter les pièces. Son souci d'autrui – en plaçant le séparateur de caisse derrière ses courses à l'intention du client suivant, en rangeant son panier vidé au-dessus des autres.

Mais nous fichant au fond d'être exposés dans la mesure où l'on ne se connaît pas. Et la plupart du temps ne nous parlant pas. Comme s'il était saugrenu de lier conversation. Ou simplement impensable pour certains, avec leur air d'être là sans y être, pour signifier qu'ils sont au-dessus du gros de la clientèle d'Auchan.

15 heures. Jour de congé scolaire, donc des filles en bande dont on entend les rires d'un rayon à l'autre. Je m'aperçois que l'une d'elles, très maquillée, arbore un rose à lèvres vif assorti à ses lacets de chaussures.

Dans l'espace saisonnier, des tables ont été installées et des enfants dessinent. L'entrée dans l'année du Serpent a eu lieu dimanche dernier et Auchan ne manque pas l'événement, en proposant une «semaine chinoise» avec des «animations», écriture d'idéogrammes, etc.

Alors que je prends des sachets de nourriture pour mes chats, un homme à cheveux blancs m'adresse la parole :

«J'ai un chien de six mois, est-ce qu'on peut lui donner des aliments en boîte?

— Je n'ai pas de chien mais je pense que oui. Non, pas celles-là – il me montre les boîtes senior – il lui faut des junior.»

Je sors du rayon un lot de quatre boîtes. Il regarde, repose.

«Merci beaucoup. C'est mes petits-enfants qui ont voulu un chien. On s'y attache, hein!»

Il sourit, marche quelques pas à côté de moi. Le désir de dire à une femme inconnue qu'il a un chien de six mois, juste ça. J'ai remarqué que, de tous les rayons, c'est celui pour les animaux qui suscite le plus vif désir de parler.

Dans la file d'attente de la caisse, une femme accompagnée de deux enfants en reconnaît une autre avec deux enfants aussi, la hèle. L'autre s'exclame «Du coup on va rester là, on ne va pas aller plus loin!», sous-entendu à une autre caisse. Les quatre enfants s'amusent ensemble, les mères bavardent, évoquent le Nouvel An chinois avec excitation [elles ne sont pas asiatiques] : «À l'école, ils ont mangé chinois!» Est-ce l'école ou l'hyper qui éduque? Peut-être les deux.

Liste au stylo-bille noir trouvée dans un caddie :
frisée
farine
jambon, lardons
fromage râpé, yaourts
Nescafé
vinaigre

J'ai comparé avec la mienne :
Ricoré
biscuits cuiller
mascarpone
lait, crème
pain de mie
chat [boîtes et croquettes pour]
post-it

L'hypermarché contient environ 50 000 références alimentaires. Considérant que je dois en utiliser 100, il en reste 49 900 que j'ignore.

Mercredi 20 février

À l'intérieur d'Auchan, la circulation est fluide, sans embouteillage ni collision de caddies (leurs «conducteurs», comme ceux des autos, j'ai noté, ne se regardent pas). Des enfants tirent des paniers à roulettes presque aussi grands qu'eux.

Dans l'espace des surgelés, parmi les promos, une pizza Buitoni: «La suprême viande» à 3,99 euros, le vieux truc du centime en moins qui rabat le prix sur l'unité au-dessous marche donc toujours. Il se peut que l'hypermarché brade les plats à base de viande, vu l'affaire du cheval étiqueté bœuf qui remue l'opinion.

La file d'attente dans laquelle je suis aboutit à deux caisses. À un moment, il convient de choisir entre les deux caissières qui usinent dos à dos. De procéder à un calcul subtil combinant la vitesse supposée de chacune des caissières et le nombre d'articles du client devant soi. Aujourd'hui, voyant la caissière de gauche tourner un article entre ses doigts et regarder par-dessus ses lunettes pour en taper le code, je parie sur l'autre, une jeune Noire avec un bandeau noir qui lui ceint joliment le front, bien que le caddie de la cliente qui me précède à cette caisse soit lourdement chargé. Cette dame, la soixantaine, est animée du désir de ranger méthodiquement. Elle pose un paquet de nouilles sur le tapis, le déplace, farfouille pour déposer certains articles avant d'autres. Elle souffle à plusieurs reprises, comme accablée par la difficulté de son entreprise. Qui échoue : ses articles sont éparpillés sur toute la longueur du tapis, impossible d'y mettre les miens. Elle prend un grand sac solide en plastique rouge, le secoue vigoureusement pour l'ouvrir, passe de l'autre côté de la caissière récupérer ses achats. Elle les enfourne avec une soudaine dextérité, paie par carte. Je perçois à son air le soulagement de la mission correctement accomplie. Ce n'était pas un caddie de femme seule.

Les super et hypermarchés demeurent une extension du domaine féminin, le prolongement de l'univers domestique dont elles assurent la bonne marche régulière, parcourant les rayons avec, en tête, tout ce qui *manque* dans les placards et le frigo, tout ce qu'elles doivent acheter pour répondre à la question réitérée, qu'est-ce qu'on va manger ce soir, demain, la semaine entière. Elles, toujours plus détentrices que les hommes d'une compétence culinaire qui leur fait choisir sans hésiter les produits selon le plat à préparer, tandis qu'eux, plantés, perdus devant un rayon, appellent au secours, portable à l'oreille « Dis, qu'est-ce que je dois prendre comme farine ? »

Dialogue sur France Inter, il y a quelques années, entre deux journalistes masculins, trentenaires :

« Mon frigo est toujours plein, c'est ma maman qui me le remplit !

— Ah ah, mais oui, ça se passe toujours comme ça ! »

Ils en riaient de satisfaction. D'être restés, quelque part, des nourrissons.

Jeudi 28 février

Le tableau de bord de ma voiture affiche une température extérieure de 3°. Ce plaisir d'être enveloppée par la chaleur sitôt franchie la porte 2 du centre commercial, d'évoluer dans l'atmosphère uniformément douce, à peu près comme descendre d'un avion au Caire en venant de Paris. Oubliés la boue et le froid, la grisaille, la circulation. Ralentir le pas, s'abandonner à la tiédeur. Perdre la notion de l'heure qu'aucune horloge n'indique. Des filles sont vêtues très légèrement. On a enlevé aux enfants leur parka, pliée sur la poussette. C'est la promenade d'été en hiver.

Souvenir de mon étonnement quand je suis entrée pour la première fois dans le centre au milieu des années 1970. Flâner à l'abri de la pluie et des voitures dans des allées propres et lumineuses, assourdies alors par une moquette, entrer à ma guise dans des boutiques sans porte, feuilleter des livres au Temps de vivre, laisser sans crainte les enfants courir çà et là. Je ressentais une excitation secrète d'être au cœur même d'une hypermodernité dont ce lieu me paraissait l'emblème fascinant. C'était comme une promotion existentielle.

Aujourd'hui, je regardais les gens déambulant lentement devant les vitrines auxquelles ils ne jetaient que rarement un œil. Deux femmes étaient assises sur le banc situé face à l'escalator entre C&A et une boutique chère où l'on vend du Karl Lagerfeld. Est-ce que venir dans le centre n'est pas une façon d'être admis au spectacle de la fête, de baigner réellement – non au travers d'un écran de télé – dans les lumières et l'abondance. De valoir autant que les choses. On peut, dans cet endroit, se sentir désorienté, mal à l'aise, mais jamais *dégradé*.

Jeudi 14 mars

À la caisse d'Auchan, devant moi, une femme dont le visage semble obstinément tourné vers la caissière. Je vois seulement le voile chamarré de vert et d'argent qui descend de la racine des cheveux au bas des reins. Elle ne sort pas les articles de son panier, attend que ceux de la cliente précédente soient enregistrés pour les déposer sur le tapis. Juste un sac de 10 baguettes de pain et plusieurs paquets de pâtes Panzani. Ses gestes ne sont pas lents mais imperceptiblement retardés, hésitants. Elle ouvre un porte-monnaie, en tire un billet, des pièces, qu'elle pose sur le tapis. La caissière compte les pièces, en réclame une autre, encore une autre. Elle met un peu de temps. Elle s'en va, avec le lourd sac de baguettes à la main. Elle n'a pas dit un mot durant la transaction. J'ai pensé à l'épreuve que devait représenter d'aller, seule, à Auchan, et qu'elle n'avait pas assez de tous ses voiles pour la supporter.

C'est mon tour. Comme d'habitude, la caissière se penche pour vérifier si j'ai bien vidé tout le contenu de mon caddie sur le tapis. Dedans j'ai laissé *Le Monde*, que je n'ai pas acheté au Point presse d'Auchan mais au tabac-journaux du centre. La caissière me rappelle vivement à l'ordre. Je dis que je n'ai pas acheté ce journal ici et, croyant me justifier, j'ajoute, avec une outrecuidance dont je ne me rends pas compte, que ce numéro n'est pas encore en vente à Auchan, qu'il ne le sera que demain matin. Comme s'il était dans son rôle de caissière de vérifier la date du *Monde*. Elle me répète que tout ce qui est acheté hors du magasin doit être mis sous plastique à l'entrée. «Vous comprenez, s'il y a un contrôle, c'est moi qui vais prendre. On se fait de plus en plus remonter les bretelles, c'est de pire en pire.»

Je viens d'être remise à ma place pour n'avoir

pas pensé à la sienne. Son « pire en pire » me poursuit. Parmi les 7 millions de travailleurs pauvres en France, beaucoup sont des caissières.

Dans le langage de la grande distribution, la « prod' d'une caissière » est le nombre d'articles scannés à la minute. 3 000 à l'heure est un bon score.

Lundi 25 mars

10 heures. Quand l'hyper est presque vide, comme ce matin, sensation hallucinante de l'excès des marchandises. Du silence de mort des marchandises à perte de vue. Les clients paraissent se mouvoir lentement, comme pris dans une espèce de torpeur, celle que dégage la vision quasi irréelle de l'amoncellement de nourriture et d'objets. Ou ce sont simplement des gens qui ont tout leur temps le lundi – travailleurs en repos ce jour-là – ou bien tout leur temps tout le temps, les retraités.

Le caddie que j'ai pris à l'entrée du niveau 2 roule mal. Je m'aperçois qu'il est enfoncé sur un côté, la chaîne qui sert à l'attacher à un autre caddie a été arrachée. C'est un caddie qui a dû voyager hors du parking, servir à déménager ou à jouer aux autos tamponneuses. C'est fou tout ce qu'on peut faire sans doute avec un caddie. Je ne comprends pas pourquoi on ne les emprunte pas plus, pour un euro c'est une affaire. Plus ou moins adroitement, j'essaie de mater celui-ci.

Surprise, le point presse a migré au niveau 2, après le linge de maison, près d'une entrée et d'une ligne de caisses, un endroit plus visible qu'auparavant mais aussi plus exposé. C'est maintenant une sorte de hall, large, très éclairé, avec les journaux et les magazines bien rangés le long des deux parois qui se font face. Aucune possibilité de s'asseoir, pas même sur des piles de journaux. Aucun recoin. Tout semble fait pour rendre l'endroit inhospitalier, dissuader de rester là, à feuilleter, lire. D'ailleurs, il n'y a personne.

Œufs de Pâques à gogo. Déjà. J'avais oublié. Les grandes surfaces n'oublient rien. Les maillots de bain sont sans doute dans des caisses, prêts à être déballés, comme les cadeaux pour la fête des Mères. Les instances commerciales raccourcissent l'avenir et font tomber le passé de la semaine dernière aux oubliettes.

Un type en manteau, dégarni, lunettes, chantonne, son petit sac en plastique à la main.

Je m'aperçois qu'il n'y a jamais de musique à l'intérieur d'Auchan. Peut-être pour ne pas entrer en lutte avec celle du centre, à peine perceptible. Je me prends à regretter cette absence, ces chansons qui viennent d'un seul coup frapper à la mémoire et rendre heureux inexplicablement au moment juste où on saisit un pack d'eau minérale. Une fois au Leclerc, c'était Dalida, *Come prima*.

Mercredi 3 avril

Au niveau 1 d'Auchan, c'est « la Foire de printemps aux vins » dans l'espace promotionnel saisonnier. Surtout des hommes seuls. Derrière les vins, une autre promotion : deux murs perpendiculaires de chaussures pour femmes aux couleurs flashy, vert, rouge, rose, et, disposés çà et là, comme dans un salon, des poufs pour s'asseoir et essayer à l'aise. Cette « invitation » – ce doit être le concept – est encore boudée.

Niveau 2, alimentaire, il me semble que les panneaux jaunes des prix d'accroche sont de plus en plus aveuglants. Toujours le même calcul au-dessus des bacs de viande, porc à moins de 1 euro par personne. Vérification faite, ladite personne est censée manger 110 g, ce qui dans l'assiette, après cuisson et sans les déchets, correspond sans doute à 80 g. Je calcule rapidement : une famille de quatre personnes qui mangerait tous les jours cette maigre portion dépenserait tout de même 120 euros par mois. Cet art des hypers de faire croire à leur bienfaisance.

Des dizaines de sacs d'œufs de Pâques sont bradés, jetés dans des paniers soldeurs. Un amas vaguement répugnant qui n'attire personne. Il y a trois jours que la fête est passée.

Une femme occupe l'allée des produits laitiers avec une poussette double tournée vers l'extérieur : de jolis jumeaux aux regards vifs, qui suivent tout du monde.

À la caisse, où il y a pas mal d'attente, une cliente avec un panier à roulettes m'offre sa place. Comme je décline vigoureusement – ai-je l'air si fatiguée ? si vieille ? – elle me sourit en disant qu'elle me connaît comme écrivain. Nous échangeons des propos sur le magasin, sur les enfants qui y sont nombreux le mercredi. En déposant mes articles sur le tapis, je pense avec un peu de malaise qu'elle va regarder ce que j'ai acheté. Chaque produit prend soudain un sens très lourd, révèle mon mode de vie. Une bouteille de champagne, deux bouteilles de vin, du lait frais et de l'emmenthal bio, du pain de mie sans croûte, des yaourts Sveltesse, des croquettes pour chats stérilisés, de la confiture anglaise au gingembre. À mon tour je suis observée, je suis objet.

Vendredi 5 avril

Midi. Point presse d'Auchan. Je ne m'habitue pas aux endroits où sont vendus les journaux sans qu'il y ait un kiosquier capable de vous dire où se trouve le magazine que vous cherchez. Faute de pouvoir mettre la main sur *La Quinzaine littéraire*, je prends *Le Monde* de la veille au soir.

Personne non plus à la caisse automatique où une fille semble perdue, s'énerve, ne sachant où placer les produits qu'elle sort du panier, poussée à l'affolement par tous les regards braqués sur ses gestes tandis que la terrifiante voix de synthèse ordonne et répète en boucle « Posez vos articles sur la balance ». Comme si elle avait affaire à une personne demeurée. Par un stupéfiant retournement, c'est la machine qui paraît intelligente et les humains bêtes. À ce système, je ne m'habitue pas non plus. Désormais on peut entrer et sortir d'une grande surface comme dans les hôtels Formule 1, sans une parole ni un regard aux autres.

Près du tiers des caisses sont maintenant automatiques, groupées par quatre ou six et ne nécessitant la présence que d'un employé chargé de la surveillance et du bon fonctionnement de la machine. Dans la journée, les caisses traditionnelles sont deux fois moins nombreuses que celles-ci à fonctionner. La disparition des caissières avance.

Vendredi 12 avril

Dans une allée, je croise une femme aux cheveux cachés sous un voile noir d'où dépasse une bande blanche, analogue aux cornettes des religieuses de ma jeunesse, les bonnes sœurs qui suscitaient nos moqueries, moins par leur costume que par leur vœu de chasteté perpétuelle, lequel nous paraissait insensé – jamais un homme, comment était-ce possible ! Rien de comparable avec la femme au voile, peut-être consacrée à Dieu mais aussi à un homme – il y en a un près d'elle – ce qui change tout. À moins que Dieu et l'homme ne fassent qu'un. Mais là encore, dans l'échelle du plaisir, la musulmane voilée gagne toujours. Et dans celle de la liberté ? Mais comment évaluer celle-ci ? Et en quoi est-ce mon affaire ? Pourquoi leur liberté devrait plus me tourmenter que celle des autres femmes ? À leur place, je serais secrètement fière de susciter autant d'interrogations, auxquelles, par ailleurs, les médias ne leur donnent jamais l'occasion de répondre.

Mardi 23 avril

15 h 50. Les jeunes ont déserté le nouveau point presse. Juste un homme arrêté devant le rayon abondant des « Mots fléchés » et une femme se saisissant de *60 Millions de consommateurs*.

Aux produits de ménage, trois jeunes Noirs se concertent, têtes rapprochées, devant les différentes marques de lessives. Je refrène l'envie de les conseiller.

Une femme, deux gamines, un adolescent et une

femme plus âgée, peut-être la grand-mère, longent le papier toilette et l'essuie-tout à la queue leu leu d'un pas décidé, sans caddie. La plus vieille, à la traîne, proteste « C'est grand comme magasin ! ».

Sa remarque me surprend. S'approprier un lieu, c'est ne plus ressentir sa dimension. L'habitude a effacé en moi la réalité de la surface – plusieurs milliers de mètres carrés – d'Auchan. Réalité enregistrée cependant par mon corps puisque je préfère renoncer à un article que j'ai oublié à l'autre bout plutôt que de revenir sur mes pas.

Mercredi 24 avril

Un immeuble de huit étages s'est effondré près de Dacca, au Bangladesh. Il y aurait au moins 200 morts. Des ateliers de confection y faisaient travailler 3 000 ouvriers pour des marques occidentales. Cette précision est depuis longtemps superflue.

Mardi 30 avril

Devant l'entrée d'Auchan au niveau 1, au bas du grand tapis roulant central à double sens, il y a un espace agencé comme un petit salon d'attente, avec des sièges en skaï marron, inversés comme des causeuses. Ils sont rarement vides, occupés souvent le matin par des chibanis. Assis là, on a le loisir de regarder le ballet des clients entrant et sortant, les allées et venues du vigile – un colosse noir – qui arpente à l'extérieur toute la longueur des caisses, de guetter les incidents possibles, générés notamment par l'interdiction d'entrer avec un sac à dos ou des produits achetés ailleurs – qu'il faut sceller dans un emballage plastique transparent avec une machine-couperet capricieuse. Comme à la terrasse d'un café, mais gratuitement, on peut voir défiler et s'activer le monde. *S'oublier* dans sa contemplation.

Cet après-midi, un homme y dort tout son soûl, une canne anglaise posée sur l'accoudoir. Deux femmes papotent.

Lundi 6 mai

Impression que certains produits ne sont jamais achetés, des rayons jamais fréquentés, même à des heures différentes.

En revanche, il y a toujours de l'affluence devant les amoncellements de boîtes d'une pharmacopée hétéroclite, orthosiphon, gelée royale, collagène marin (?). Un homme y est, en contemplation. Je lis Brûler les graisses ; Éliminer l'excès d'eau ; Stopper les kilos superflus. J'imagine son corps exsudant l'eau par tous les pores de la peau, se consumant. Bien situé, juste dans le passage d'une aile à une autre au niveau 2, ce rayon est le complément des autres surchargés de nourriture, il soigne la culpabilité de manger trop.

À la fin de mes courses, je vais dans l'espace librairie pour offrir *Deux vies valent mieux qu'une* de Jean-Marc Roberts. Je le cherche sans trop d'illusions sur le présentoir des meilleures ventes qui occupe trois mètres avec seulement dix titres, comme s'il n'y avait que ces livres qu'il faille lire, qu'ils soient forcément les meilleurs. Il y a Marc Lévy, Françoise Bourdin, Laurent Baffie, Régine Deforges et, surprise, Roberts, mais il s'agit d'une Américaine prénommée Nora. Il n'est pas davantage sur les tables où s'étalent, pêle-mêle, romans, reportages, biographies. Certains livres sont défraîchis. Un homme – peut-être le responsable du rayon, jamais vu jusqu'ici – se dirige vers une sorte de pupitre d'un air affairé, ouvre un registre, note. Impression que je vais le déranger dans ses comptes en réclamant un livre que je n'ai pas trouvé. Triste et humiliée d'avance par une réponse évasive, que non, il n'est pas là. Comme si je cherchais un produit qui n'a jamais existé.

Après tout, déposer un livre sur le tapis de la caisse me gêne toujours, comme un sacrilège. Je serais pourtant heureuse d'y voir un des miens, extirpé d'un caddie, glisser entre une plaquette de beurre et des collants.

Vendredi 10 mai

16 h 30. La fête des Mères s'affiche partout dans le centre commercial. À Auchan, un espace lui est réservé, rempli de robots, d'aspirateurs, de machines à café – le must apparemment – parfums, etc.

Ce sont les vacances scolaires et il y a surtout des femmes avec des caddies et des enfants. J'imagine la file impressionnante que formeraient toutes ces mères dispersées ici avec leurs caddies et leurs enfants, arrimées à la subsistance et à l'élevage. Vision préhistorique.

Mercredi 15 mai

Le bilan de l'effondrement du Rana Plaza au Bangladesh est de 1 127 morts. On a retrouvé dans les décombres des étiquettes des marques de Carrefour, Camaïeu et Auchan.

Jeudi 27 juin

La longue bannière déployée au-dessus de l'entrée 2 du centre commercial affiche tout en haut SOLDES. Dessous, le visage souriant d'une femme dans la trentaine en gros plan, plus en retrait, ceux d'un homme et d'un enfant. Rien n'a changé depuis *Le Bonheur des dames*, les femmes sont toujours la première cible – consentante – du commerce.

Pour éviter la cohue j'ai choisi de venir faire des courses à Auchan après que tous les autres commerces ont fermé à 20 heures. Grande affluence cependant dans les allées alimentaires et d'entretien où les soldes consistent à proposer le même produit en très grosse quantité. Une femme pousse un caddie plein surmonté de plusieurs volumineux paquets de papier w.-c. en équilibre, 50 rouleaux au moins. Logique inexorable de l'accumulation : « On a toujours besoin d'un petit pois chez soi » disait une antique publicité – et toujours besoin de PQ, de shampoing, d'huile, de lait UHT, etc. Les récits et films de famine sont insupportables.

Surprise – principe de l'hyper, la provoquer constamment – les articles de la prochaine rentrée scolaire ont surgi dans l'espace saisonnier. Une petite fille assise par terre déplie une carte du monde. Au niveau 2, c'est « la semaine orientale », semoule, dattes fourrées de pâte d'amande, citrons confits et loukoums poudrés, irrésistibles. Je suis rendue à ma convoitise d'enfant et, durant quelques secondes, emplie du ravissement qu'un tel lieu de profusion existe.

19 h 30. Définitivement installé, l'espace de la rentrée des classes flamboie de tous ses cartables, trousses, cahiers, fournitures, plus colorés les uns que les autres. Une féerie scolaire que les enfants d'il y a vingt ans n'auraient pas rêvée. RENDEZ VOTRE VIEUX CARTABLE ET RECEVEZ UN CHÈQUE DE DIX EUROS, à valoir, comme il se doit, sur un nouveau acheté. Jamais trop tôt pour inculquer aux individus la valeur du nouveau, tout beau on le sait, au détriment de la valeur d'usage. Comment résister à cette promesse de bonheur, arborer en ce jour lointain de la rentrée un cartable tout neuf et redevenir en somme un élève neuf au seuil d'une année neuve… Mais où vont les vieux cartables ?

Je regarde les cahiers de textes. Il semble que ce bréviaire des écoliers soit en usage dès le cours préparatoire, voire la maternelle, tant les couvertures sont bêtifiantes – animaux préhistoriques, monstres, Spiderman, etc. – et sexistes. Un Mickey questionne sévèrement le propriétaire masculin du cahier « Tu as fait tes devoirs ? » tandis que Minnie flatte honteusement son pendant féminin « Tu es la meilleure ! ».

En quittant le rayon, je m'aperçois de l'étrange plaisir que j'y ai pris.

L'attente aux caisses, ce soir, est interminable. Je m'y résigne. Je tombe dans une espèce de torpeur où le bruit de fond de l'hyper à cette heure d'affluence me fait penser à celui de la mer quand on dort sur le sable.

Jeudi 11 juillet

Milieu de l'après-midi. Au niveau 2, j'essaie de détacher un des chariots enchaînés en introduisant un euro, rien à faire. Je m'adresse au vigile noir qui fait les cent pas toute la journée devant les caisses. Il débloque avec un instrument le chariot récalcitrant, m'indique d'un geste le suivant. Las et impénétrable. Retournant à sa surveillance des gestes et des sacs, des dessous de poussette, avec la nonchalance de l'ennui.

C'est la frénésie aux fruits et légumes. Entrechocs de chariots. Visages déterminés, bras et mains plongés dans une montagne d'abricots à 1 euro le kilo, tâtant, rejetant, enfournant dans les sacs, dans une joyeuse frénésie de cueillette. Les fruits sont durs comme des pierres.

À quelques mètres, dans le rayon installé pour le ramadan, un petit garçon extasié tient un paquet de dattes fourrées de pâte d'amande rose et verte.

Indifférent aux peurs xénophobes d'une partie de la société, l'hyper s'adapte à la diversité culturelle de la clientèle, suit scrupuleusement ses fêtes. Aucune éthique là-dedans, juste du « marketing ethnique». Les tenants du libéralisme auraient cependant beau jeu de vanter cette réelle fonction égalitaire et intégratrice du Marché.

Je constate qu'une nouvelle forme de voile est apparue, ornée de perles, cachant les cheveux tout en dégageant le cou et la nuque. Elle me rappelle certaines anciennes coiffes des provinces françaises, sur des images qu'on recevait en classe.

J'erre au niveau non alimentaire, parmi les maillots de bain et les sous-vêtements. Je lève les yeux vers le plafond – pour la première fois – mais qui le fait dans un hypermarché? Au-dessus des néons qui rabattent une lumière éblouissante sur l'univers des marchandises, je vois une sorte de caisse où s'enchevêtrent des tuyaux et des câbles entre des poutres, avec des objets métalliques que je n'identifie pas. Un ensemble non éclairé, glaçant, qui contraste avec la rutilance générale du magasin. À ce moment me vient la pensée que mon attitude peut paraître suspecte, comme si je cherchais à repérer les caméras. NOUS VOUS RAPPELONS QUE CE RAYON EST SOUS VIDÉOSURVEILLANCE, lis-je en passant devant les bas et les collants.

Les cabines d'essayage de naguère, discrètes et gérées par une employée, ont disparu. Elles sont remplacées par trois réduits minuscules, logés dans un renfoncement du mur, seulement séparés de l'allée, où les clients circulent, par un rideau de tissu. Il n'y a plus de vendeuse. À la place, un avertissement : Nous informons l'aimable clientèle que les cabines doivent UNIQUEMENT être occupées pour l'essayage des articles textiles (limité à 3 par personne).

En clair – toujours traduire le langage de l'hyper –, il est interdit de dormir, manger, faire l'amour dans les cabines. Pour l'heure, rideau ouvert, une adolescente fatiguée est assise et discute tranquillement avec sa mère debout en face d'elle.

Ici, le soir d'un autre été, j'étais prise dans une file d'attente si longue qu'elle commençait entre les rayonnages de biscuits, loin d'une caisse devenue invisible. Les gens ne se parlaient pas, ils regardaient devant eux, cherchant à évaluer la vitesse de progression. Il faisait très chaud. M'est venue la question que je me pose des quantités de fois, la seule qui vaille : pourquoi on ne se révolte pas ? Pourquoi ne pas se venger de l'attente imposée par un hypermarché, qui réduit ses coûts par diminution du personnel, en décidant tous ensemble de puiser dans ces paquets de biscuits, ces plaques de chocolat, de s'offrir une dégustation gratuite pour tromper l'attente à laquelle nous sommes condamnés, coincés comme des rats entre des mètres de nourriture que, plus dociles qu'eux, nous n'osons pas grignoter ? Cette pensée vient à combien ? Je ne peux pas le savoir. Donner l'exemple, personne ne m'aurait suivie, c'est ce que raconte le film *Le Grand Soir*. Tous trop fatigués, et bientôt nous serions dehors, enfin sortis de la nasse, oublieux, presque heureux. Nous sommes une communauté de désirs, non d'action.

Le rêve de mon enfance d'*enfant de guerre*, nourrie des récits de pillage de 1940, était d'entrer librement dans les magasins désertés et de prendre tout ce qui me faisait envie, gâteaux, jouets, fournitures scolaires. Qu'on l'ait fait ou non, c'est peut-être ce rêve qui flotte confusément dans les hypermarchés. Bridé, refoulé. Considéré comme infantile et coupable. Il n'y a plus de vitrine pour protéger les sardines du poème de Prévert, la fameuse «Grasse matinée». Plus besoin. Les conserves, les steaks, les galettes Saint-Michel et les fraises Tagada, tout ce qu'on peut toucher, prendre dans ses mains – mais jamais porter à la bouche – est bien mieux défendu par cette liberté constamment surveillée. Par la peur intériorisée.

À la «sortie sans achat», le regard du vigile sur les mains, les poches. Comme si repartir sans aucune marchandise était une anomalie suspecte. Coupable de facto de ne rien avoir acheté.

À l'intérieur du centre, les boutiques sont closes. Le fond musical est plus sensible qu'en pleine journée où il est couvert par un bourdonnement. Toute la vie s'est réfugiée aux abords d'Auchan. Je me rends compte que je ne l'ai jamais vu fermé, jamais vu les grilles descendues – ou tirées – devant les caisses. Personne ne les voit en dehors des agents de la sécurité puisque c'est le premier magasin à ouvrir et le dernier à fermer dans le centre. Le McDo, le Flunch, et le bowling ont, eux, des accès sur l'extérieur.

Mes pas me portent encore une fois vers les livres. Je m'amuse – façon de parler – de voir la pérennité d'un langage vieux d'un siècle dans les titres du rayon « sentimental » : *Les Mariés de l'été, Fiancés pour un soir, Les Rêves d'une mariée, Un rendez-vous arrangé.*

Il y a pléthore de livres de cuisine. Je feuillette celui de Ginette Mathiot, dans lequel j'ai appris jadis comment nourrir les autres autrement que de spaghettis et de yaourts. C'est une nouvelle édition, pas mal modifiée. Sur la couverture, la photo d'une jeune femme brune en tee-shirt dans sa cuisine. De la main droite elle tient un fouet et de l'autre le livre de Ginette Mathiot qu'elle lit avec le sourire de qui est plongé dans un roman désopilant. La pérennité de la femme aux casseroles. Je m'éloigne, troublée. Peut-être ne suis-je venue ce soir à Auchan que pour me revoir à vingt-cinq ans.

Je fais remarquer au jeune caissier noir qu'il est d'une rapidité stupéfiante. Il s'en amuse. Il n'est pas là, comme je croyais, pour un job d'été. Il s'exclame : « Je travaille à Auchan depuis quatre ans !

— Je viens souvent et je ne vous ai jamais vu…

— C'est normal, je travaille habituellement dans les rayons, je déballe, je range les articles.

— Qu'est-ce que vous préférez ? Être à la caisse ou dans les rayons ? »

Il dit que c'est plus dur, les rayons, qu'on a mal au dos, tout le temps se baisser.

Le soleil est couché. Des gens sont installés dehors aux tables du McDo, face au parking clairsemé où les voitures foncent plus vite que dans la journée. J'emprunte le toboggan qui fait communiquer le parking du bas avec celui en plein ciel. Avec ses vitres-miroirs éteintes, la masse compacte du centre commercial semble couverte de mica noir.

Lundi 30 septembre

Il y a maintenant à l'entrée du niveau 1 d'Auchan des dizaines de petits appareils, tous identiques, logés dans des cases, en rangées parallèles sur un présentoir. On dirait de gros téléphones, ou des télécommandes. Ni l'un ni l'autre. Ce sont des scanners pour enregistrer soi-même les articles qu'on prend dans les rayons. Le montant s'affiche au fur et à mesure. À la fin, on paie à l'une des caisses Rapid situées au niveau 2 sans avoir à sortir les courses du caddie. C'est le self-scanning. Une affichette blanche en fixe la condition première d'utilisation : la posses-sion d'une carte de fidélité Auchan. Consomma-teurs volages, passez votre chemin. Pour les autres suit un discours vantant la facilité et le gain de temps mais truffé de menaces voilées. L'utili-sateur du scanner est ainsi averti qu'il devra mon-trer sa CARTE D'IDENTITÉ au moment de payer. Qu'une RELECTURE de ses courses ainsi que des CONTRÔLES ALÉATOIRES peuvent être effectués.

J'ai imaginé aussitôt la scène. Un ou deux sur-veillants surviennent. « Bonjour. Voulez-vous vider votre caddie ? — Pourquoi ? — Pour vérifier que vous avez bien payé tout ce qu'il y a dedans. »

Je me demande sur quels signes extérieurs, quel repérage des caméras, sera fondée l'interpel-lation. Si les videurs de caddie opéreront sur place devant les autres clients ou s'ils vous emmè-neront, et où. Passer à la caisse va devenir plus périlleux que franchir la douane.

Sur Internet je lis que l'engin qui sert à scanner est appelé un pistolet et que des consommateurs se déclarent satisfaits du système. De l'arme qui élimine les caissières et nous livre en même temps au pouvoir discrétionnaire de l'hyper.

Acte politique simple : refuser de s'en servir.

Pour m'éviter toute tentation – je connais la coercition insidieuse de la grande distribution et ma faiblesse de consommatrice – j'ai déchiré ma carte Auchan.

Mardi 22 octobre

J'ai arrêté mon journal.

Comme chaque fois que je cesse de consigner le présent, j'ai l'impression de me retirer du mouvement du monde, de renoncer non seulement à dire mon époque mais à la voir. Parce que voir pour écrire, c'est voir autrement. C'est *distinguer* des objets, des individus, des mécanismes et leur conférer valeur d'existence.

Au fil des mois, j'ai mesuré de plus en plus la force du contrôle que la grande distribution exerce dans ses espaces de façon réelle et imaginaire – en suscitant les désirs aux moments qu'elle détermine –, sa violence, recelée aussi bien dans la profusion colorée des yaourts que dans les rayons gris du super discount. Son rôle dans l'*accommodation* des individus à la faiblesse des revenus, dans le maintien de la résignation sociale. Qu'ils soient déposés en petit tas ou en montagne chancelante sur le tapis de caisse, les produits achetés sont presque toujours parmi les moins chers. Souvent, j'ai été accablée par un sentiment d'impuissance et d'injustice en sortant de l'hypermarché. Pour autant, je n'ai cessé de ressentir l'attractivité de ce lieu et de la vie collective, subtile, spécifique, qui s'y déroule. Il se peut que cette vie disparaisse bientôt avec la prolifération des systèmes commerciaux individualistes, tels que la commande sur Internet et le «drive» qui, paraît-il, gagne de jour en jour du terrain dans les classes moyennes et supérieures. Alors les enfants d'aujourd'hui devenus adultes se souviendront peut-être avec mélancolie des courses du samedi à l'Hyper U, comme les plus de cinquante ans gardent en mémoire les épiceries odorantes d'hier où ils allaient «au lait» avec un broc en métal.

APRÈS TROIS ANS

Depuis que j'ai mis un point final à ce journal à l'automne 2013, des boutiques du centre commercial ont mis la clé sous la porte, remplacées par d'autres, fringues jeunes et lunettes en majorité. L'hypermarché Auchan ferme à 21 h 30 au lieu de 22 heures, sa batterie de caddies a été entièrement renouvelée. Du même rouge vif que l'oiseau du logo de l'enseigne, plus long, plus étroit, presque élégant, de manipulation aisée et silencieuse, le dernier modèle a déjà fait tomber dans la brocante de la mémoire celui d'avant en ferraille lourde et roues plus ou moins divergentes. Recenser les changements survenus en trois ans, c'est entériner une évolution dont les signes sont perceptibles, à mon insu, dans ce journal. Un réaménagement partiel au niveau alimentaire a en effet supprimé le coin, toujours désert, des produits d'épicerie de luxe, occupé maintenant par le «bio» en continuelle expansion – à l'exception du «bio frais», réduit à des yaourts, presque invisible dans l'allée où il a été transféré. La disparition de ce long rayon réfrigéré, trop cher, a dégagé un grand espace dévolu à des promotions thématiques, Saveurs d'Asie, etc., ou simplement des «bonnes affaires». L'hyper continue de jouer à fond son rôle réactionnaire d'aménageur des effets du chômage et des bas salaires. De s'adapter à l'environnement social : un nouveau rayon froid vitré, noir, sobre, intitulé *Snacking*, offre de quoi se sustenter le midi à une population d'étudiants et d'employés nombreuse dans ce quartier.

Le super discount avec ses avertissements menaçants se porte bien, immuable tout au fond du magasin, près des aliments pour oiseaux, chats et chiens. Mais, en face, le self-service de bonbons et d'amuse-gueule n'existe plus, remplacé par les soupes et les plats cuisinés. Les interdictions qui le bardaient d'un bout à l'autre s'avéraient peut-être, en fin de compte, inopérantes. En phase avec le souci grandissant d'un corps idéal et performant, les produits dits autrefois de « régime » – mot banni aujourd'hui, remplacé par « diététique » et ses satellites, sans sucre, sans gluten, minceur, mise en forme, etc. – ont déménagé et occupent trois rayons, situés entre les pâtes et le café, comme s'ils étaient devenus des denrées alimentaires courantes, voire indispensables.

Au niveau inférieur du magasin, le rayon du petit ménager culinaire aligne une quantité ahurissante d'appareils pour trancher, presser, griller, blender et autres « multifonctions » – signe d'un engouement récent et télévisuel pour la cuisine – sans compter les énormes machines à café. Il faudrait une cuisine à l'ancienne d'au moins 25 m² pour caser un exemplaire de chaque type d'appareil.

Les réduits qui servaient de cabines d'essayage sont murés, effacés.

Dans le coin de la librairie, le petit banc où l'on pouvait s'asseoir discrètement pour lire a été enlevé.

L'élimination du Point presse – dont j'aurais dû percevoir les prodromes – est chose faite. À la place des magazines, une collection de maillots siglés « Paris Saint-Germain » d'un côté, de l'autre des gadgets Star Wars et autre objets dérivés. Le moindre quotidien est désormais introuvable dans le centre commercial, le tabac-presse ayant arrêté au même moment la vente des journaux pour se consacrer aux seuls fumeurs, plus rentables. Et au fond de l'hypermarché, là où les gens s'attardaient naguère à lire hebdos et revues, il y a un entrepôt à colis rangés dans des cases marquées par ordre alphabétique, délivrés par un employé derrière un comptoir. Il s'agit d'un Mondial Relay, service privé de livraison qui se substitue à celui de La Poste. La privatisation de services naguère rendus seulement par le secteur public s'accomplit allègrement.

Si le système de scanner soi-même le produit qu'on met dans son panier ne semble pas convaincre le gros des acheteurs, les caisses automatiques fonctionnent à plein régime sous la vigilance d'une « hôtesse » jamais assise, sollicitée de tous côtés par des clients en perdition devant les caprices de la machine. Files d'attente encore plus longues aux caisses traditionnelles, moins nombreuses à être ouvertes – l'élimination douce des caissières a sans doute commencé. Parmi elles, eux – il y a un ou deux hommes – sans cesse renouvelés, retrouver un visage familier – tel celui, calme, fier, de cette femme peut-être d'origine indienne, d'une cinquantaine d'années –, pouvoir l'inscrire dans une durée, même vague, « je la vois depuis un bout de temps », apporte une forme d'étonnement et de plaisir.

Paradoxalement, en ce lieu où le temps humain paraît ne plus exister, être supplanté par celui des choses, absorbé dans la présence inerte des choses, dont le retour cyclique suivant les fêtes et les saisons est la seule temporalité sensible, tout change, en réalité, constamment. Si l'immersion dans les lumières et la profusion d'un hypermarché procure l'impression que, ici, il n'y a pas d'Histoire, ainsi que je l'ai noté un jour, il s'agit d'une illusion, d'un effet, justement, de cet univers régi par la répétition.

L'hypermarché est bel et bien traversé par l'Histoire, il en offre le tableau évolutif. De l'économie, cela va de soi. Tee-shirts à 10 euros fabriqués par les ouvrières d'Asie pour quelques centimes, viande de porc payée au prix le plus bas à des éleveurs encouragés à produire de façon intensive, réduction d'un personnel souvent engagé à temps partiel, tout manifeste la montée de l'emprise du capitalisme néo-libéral, dont l'hyper est la forme enchanteresse. Laquelle étouffe – mais jusques à quand ? – la question de la révolte collective que je me posais un soir d'été, prisonnière d'une file d'attente. Histoire socioculturelle des goûts et des modes, de la technologie. Histoire géopolitique des migrations. Il m'est arrivé de penser qu'un cinéaste, s'inspirant du *Bal* d'Ettore Scola, qui fait défiler les années 1930 à 1980 dans une salle de danse, pourrait raconter les années 1960 à aujourd'hui au travers de l'évolution d'une grande surface.

Consigner mes déplacements à l'hyper Auchan durant plusieurs mois entre 2012 et 2013 a été une façon de fixer des moments de cette histoire collective, continue et insensible. De saisir aussi en moi des pensées, des sensations et des émotions qui ne peuvent surgir que là, dans cet espace où sont rassemblés le plus de mes « semblables différents », où le « vivre ensemble », cette incantation creuse, possède une réalité corporelle, visible. Car l'hyper reste – jusqu'à un redoutable nouvel ordre dont l'apparition se profile dans la dérive inquiétante de la société française – un espace de liberté et d'égalité d'accès, ouvert à tous et toutes sans distinction de revenu, de tenue vestimentaire, d'« identité ».

Aux dernières nouvelles, le centre commercial des Trois-Fontaines va être agrandi de 15 000 m², transformé de fond en comble d'ici un an et demi. L'hypermarché Auchan s'étendra désormais sur un seul niveau au rez-de-chaussée. Celui où j'ai passé régulièrement deux heures par semaine durant vingt-cinq ans rejoindra dans la mémoire le Leclerc des années 1980 à Osny, dans lequel j'ai acheté la dernière tablette de chocolat pour ma mère à l'hôpital, le petit Carrefour de l'avenue du Parmelan à Annecy avec, à l'entrée, son fût d'un vin que les clients tiraient eux-mêmes, tous ces endroits arpentés avec des contemporains en d'autres époques, enfuies. Peut-être existe-t-il une mélancolie spéciale des hypermarchés.

Janvier 2016

DU MÊME AUTEUR

COLLECTION FOLIO

Dernières parutions

Tous les papiers utilisés pour les ouvrages
des collections Folio sont certifiés
et proviennent de forêts gérées durablement.

Composition : IGS-CP à L'Isle-d'Espagnac (16)
Impression Novoprint
à Barcelone, le 2 mai 2022
Dépôt légal : mai 2022
1er dépôt légal dans la collection : avril 2016

ISBN : 978-2-07-046273-5 / Imprimé en Espagne

543517